U0926769

中华古籍保护计划

ZHONG HUA GU JI BAO HU JI HUA CHENG GUO

·成 果·

书卷多情似故人

「我与中华古籍」优秀征文作品选

国家古籍保护中心办公室 编

国家图书馆出版社

图书在版编目（CIP）数据

书卷多情似故人：“我与中华古籍”优秀征文作品选 / 国家古籍保护中心办公室编．—北京：国家图书馆出版社，2016.1

ISBN 978-7-5013-5729-1

Ⅰ．①书… Ⅱ．①国… Ⅲ．①古籍－图书保护－中国－文集 Ⅳ．① G253.6-53

中国版本图书馆 CIP 数据核字（2015）第 273269 号

书　　名　书卷多情似故人
——“我与中华古籍”优秀征文作品选

著　　者　国家古籍保护中心办公室 编

责任编辑　许海燕

装帧设计　邢　毅

出　　版　国家图书馆出版社（100034 北京市西城区文津街 7 号）
（原书目文献出版社北京图书馆出版社）

发　　行　010-66114536　66126153　66151313　66175620
66121706（传真），66126156（门市部）

E-mail　nlcpress@nlc.cn（邮购）

Website　www.nlcpress.com →投稿中心

经　　销　新华书店

印　　装　河北三河弘翰印务有限公司

版　　次　2016 年 1 月第 1 版　2016 年 1 月第 1 次印刷

开　　本　880×1230（毫米）　1/32

印　　张　8.5

字　　数　200 千字

书　　号　ISBN 978-7-5013-5729-1

定　　价　38.00 元

序　言

中华民族历史悠久，历朝历代、各个民族所创造的璀璨文明多如恒河沙数。随着造纸术、印刷术的发明和发展，这些优秀文化得以历代相传，绵延不断，中华古籍则成为古代文明的物质载体和有力见证。我国历有读书、藏书的传统，古人有云，“开卷有益”“敬惜字纸”，足见人们对书籍的热爱之情。在社会经济飞速发展的当代，特别是近年来，党和国家对于优秀传统文化的重视不断提高，阅读经典，保护古籍，已重新成为大众关注的文化热点。

2014年4月22日，由光明日报社、国家图书馆（国家古籍保护中心）联合主办的“我与中华古籍”有奖征文活动正式启动。此次活动受到海内外各界读者广泛关注，先后收到稿件1500余篇。主办方邀请20余位古籍保护领域学者、高校知名文史专家和媒体资深编辑担任评委，经过严格初评、复审和终审，最终评选出78篇获奖文章，并于2014年中国图书馆年会期间举行颁奖仪式。

此次征文活动是“中华古籍保护计划”在古籍保

护宣传推广工作中的一次有益尝试，社会参与范围极广。投稿者中不仅有来自古籍保护领域的行业专家、古籍保护工作者，还有来自国内外各行各业的普通民众；来稿内容丰富，故事精彩，有的分享古籍阅读心得，有的抒写古籍收藏体会，有的讲述从事古籍保护工作的亲身经历，字里行间，饱含着当代中华儿女传承优秀传统文化血脉的拳拳之心。征稿工作截止后，仍有很多读者前来咨询，希望今后还有机会参与这类活动，这体现了民众对优秀传统典籍文化的关注与热爱。

国家古籍保护中心始终将古籍保护和典籍文化的宣传推广作为全国古籍保护工作的重点环节，与时俱进，大胆创新，结合现代技术，以群众喜闻乐见的形式让大众了解古籍保护相关信息。经过我们的不懈努力，公众对古籍保护事业的关注度逐年提高，古籍保护意识日益增强。《书卷多情似故人——“我与中华古籍”优秀征文作品选》一书的出版，既是古籍保护宣传推广工作的重要成果，也反映了我国民众对中华古籍和传统文化的浓浓深情，更在大众和古籍间搭建起了一座沟通的桥梁。

习近平总书记在十八届五中全会上提出，要“构建中华优秀传统文化传承体系，加强文化遗产保护，振兴传统工艺，实施中华典籍整理工程”。中华古籍是传统文化的重要载体，古籍保护是传承中华优秀传统文化的基础工作。“保护古籍、传承文明、服务社会”，对于弘扬优秀传统文化、深入挖掘传统文化的当代价值、构建社会主义核心价值观具有重要意义。国家古籍保护中心今后还将继续致力于向全社会推广优秀典籍文化，举办更多、更好的文化活动，让广大民众了解古籍、阅读古籍、保护古籍，形成良好的社会氛围。

本书在编纂出版过程中，得到了各位专家学者的大力支持和真诚帮助。征文评选期间，白化文、程毅中、李致忠、朱凤瀚、史金波、倪晓建、许逸民、刘玉才、沈乃文、吴格、张廷银等先生对稿件提出了专业评审意见。编撰出版期间，包霄林、庄建等十余位资深编辑就文稿多次讨论、提出修改意见。全书收入优秀征文作品46篇，廖甜添负责前23篇的具体编校，赵洪雅负责后23篇的具体编校，二人还承担了联络协调等大量事务性工作，最后由王雁行统稿编校，履行主编职责。国家图书馆出版社严格把关编辑，确保了本书顺利出版。

国家图书馆副馆长、国家古籍保护中心副主任

张志清

2016年1月

目　　录

沉眠于雪域高原的《蒙古秘史》……………… 萨仁高娃（1）
剑江河畔访水书…………………………………… 黄润华（6）
《宋本伤寒论》访书记…………………………钱超尘（11）
古籍让我们成了忘年交…………………………陈　琪（16）
有些事情，能做好一件就够了…………………张国风（21）
梦想与使命
——我与北大图书馆古籍未编书的不解情缘……姚伯岳（25）
我与古籍为伍……………………………………李国庆（30）
研究文献　编纂书目……………………………韩锡铎（35）
蠹鱼脉望三生愿　楮墨芸香不解缘……………胡　露（42）
古籍普查花絮乱弹………………………………沈秋燕（46）
有福读书…………………………………………张　磊（51）
故纸堆里的温度…………………………………张美莺（56）
古籍印象四章……………………………………曾舒怡（60）
海外求书二十年
——国内失传珍稀中医古籍调研回归之路………郑金生（65）
我写伯克莱加州大学善本书志…………………陈先行（70）
法国藏碑帖拓本整理编目回忆…………………施安昌（75）

我的“敦煌梦”

——从敦煌特展说起…………………………………杨光辉（84）

我在美国德州大学学习古籍修复……………………林　明（89）

做事先做人　修书亦修心

——一个修书人的碎碎念……………………………侯妍妍（99）

我和古籍修复工作的不解之缘………………………施文岚（104）

古籍修复，拿得起却永远也放不下的情结……史宝友（109）

我的古籍修复生涯……………………………………师有宽（114）

我与中华古籍四咏……………………………………杨成凯（128）

守望古籍善本三十年…………………………………赵　前（133）

我与子书之缘…………………………………………徐忆农（138）

我与中华古籍的情缘…………………………………俞　冰（143）

也谈“善本”以及加强善本书的保护…………王玉良（147）

“随侍”古籍的使命与职责…………………………朱赛虹（151）

我与中医古籍…………………………………………张华敏（156）

问渠那得清如许　为有源头活水来

——记我从事古籍工作的几件事……………………刘　冰（161）

我与中华古籍保护的情结……………………………刘家真（168）

六十年中医古籍保护回顾……………………………薛清禄（177）

十年甘苦寸心知………………………………………杨秀廷（190）

古籍编辑的苦与乐……………………………………李　红（195）

与“聊斋”结缘………………………………………张　洪（200）

一位典籍博物馆讲解员的独白………………………吴雨晨（206）

由沈从文先生的一封信谈起…………………………唐桂艳（210）

善藏善用我的善本…………………………… 姜青青（215）
不教书林有遗珠
——记宋刻本《周易集义》的发现与鉴定…… 王玥琳（221）
人生有情泪沾臆
——我的诗书生活…………………………… 罗　瑛（226）
时光中的古籍书店…………………………… 谢方儿（231）
无形的台阶…………………………………… 苏　湘（235）
古书遐想……………………………………… 王　俊（240）
心魂端赖故纸传……………………………… 邵　滨（244）
畅游古籍之乐………………………………… 靳　菁（249）
其人少年，学有根底………………………… 何亦凡（254）

沉眠于雪域高原的《蒙古秘史》

萨仁高娃

2010年7月，西藏古籍保护专项活动启动后的第二年，我来到西藏图书馆，开始了三年援藏工作。三年中，我与西藏古籍普查工作一同前行，并与沉眠于雪域高原的《蒙古秘史》不期而遇，结下了不解之缘。

2009年，我曾陪同时任国家古籍保护中心办公室主任的陈红彦研究馆员赴西藏，调研西藏自治区古籍保护情况。考察间隙，时任西藏自治区文化厅产业处处长的彭措朗杰先生递给我一张蒙古文古籍复印件，请我辨认为何物。当时，根据内容判定其为《蒙古秘史》或17世纪问世的罗桑丹津《黄金史》所收《蒙古秘史》的部分内容。

回京后，经我请求，彭措朗杰提供了剩余五幅图片。

援藏后，我仍念念不忘彭措朗杰所提供的文献，时常向他请教相关信息。

2011 年，西藏自治区古籍保护中心（简称中心）工作人员对阿里地区进行古籍普查时，在札达县托林寺意外发现不知为何文的散叶，回拉萨后将照片交给我，委托认清其为何种文字、什么内容。我一眼便认出，与两年前彭措朗杰所提供的图片内容同属一种。古籍普查工作人员所提供的图片里含彭措朗杰提供的部分，但漏拍或遗失两叶。

2012 年 10 月，我与中心工作人员奔赴阿里，在地区文化局古籍办工作人员及札达县文广局局长带领下，对托林寺所藏古籍进行查漏补缺。10 月 17 日午饭后，我们一行无心休整，径直奔向托林寺。在那里，亲眼见到了梦寐以求的蒙古文散叶。托林寺位于象泉河畔，公元 996 年由古格王益西沃创建，为古格高僧、藏传佛教后弘期著名译师仁钦桑布译经授徒场所，1036 年益西沃及其兄弟强曲沃迎请阿底峡尊者进藏，驻锡该寺讲经著书，弘传佛法，使其闻名雪域。1996 年托林寺被列为“国家一级文物保护单位”。

当局长说明我们的来意后，住持从佛殿深处取出仍用旧报纸包装的散叶交给我。手捧散叶，我双手颤抖，心跳加速，情不自禁低头膜拜。随后，我缓缓打开包装，将散叶放在临时搭建的小桌子上，默默注视，泪水在眼圈里打转。略发黄的梵夹式纸上书写的古朴蒙古文赫然眼前，散发着《蒙古秘史》的千年气息。

征得局长和住持的同意，我对蒙古文散叶进行了拍照。散叶目前仅存11叶，藏纸正背竹笔抄，每叶23行，四面单框。每叶正面左侧用蒙古文写有页码，存第二十三、二十四、二十五、二十六、二十七、三十二、三十三、三十四、三十五、三十六、三十七、三十八、三十九叶（两叶为图片），涉及孛儿帖被蔑儿乞人抢去，铁木真经王汗与扎木合的帮助，抢回孛儿帖，后与扎木合决裂的一段内容。尽管仅11叶，但却是近年所发现的最为珍贵的蒙古文史料。

13世纪问世的《蒙古秘史》蒙古文原本未能留存，以汉文音写蒙古语，并用汉语翻译的汉文版《元朝秘史》经后人辗转影抄留存至今。现传蒙古文本，即转自汉音本，并据其揣摩原貌。罗桑丹津《黄金史》收录《蒙古秘史》约三分之二内容，但语句与汉音本仍存差异。20世纪上半叶，内蒙古鄂伦苏木古城出土的一批蒙古文文献中有一件《蒙古秘史》异本，但为极小残片，仅存12断行，为罗桑丹津《黄金史》之前的产物。因此，阿里蒙古文散叶的分量和意义，不可小视。2010年，中国社科院乌兰教授在《西域历史语言研究集刊》第四辑上发表了一篇论文——《从新现蒙古文散叶看罗桑丹津〈黄金史〉与〈元朝秘史〉之关系》，主要介绍从西藏发现的两叶蒙古文史料。而这两叶图片就在我们所得的11叶中，即第二十三和第三十九叶正面内容。乌兰教授通过校勘文字等精细工作，认其为《蒙古秘史》之后、《黄金史》之前形成的另一部蒙古史料，抑或可称作《蒙古秘史》异本。从其字体判断，应是 17 世纪抄本。

我所得到的散叶图片，可视作西藏自治区古籍普查工作中的重大发现，应本着“学术乃天下之公器”之理念，将原始资料公布于学界，为多年致力《蒙古秘史》研究的资深专家提供第一手资料，以绵薄之力推动《蒙古秘史》研究。为此，在藏的最后几个月，我不负众位老师的鼓励，发奋图强，待援藏工作结束时，我所写《西藏阿里地区发现蒙古文散叶研究》一书终于完稿。国内外相关学者得知我手中的资料后，纷纷表示愿意协助出版。鉴于研究对象为全国古籍普查之成果，我于是将稿件投至国家图书馆出版社，2013 年 8 月，《西藏阿里地区发现蒙古文散叶研究》出版。旋即在学界引起轰动，多年从事《蒙古秘史》研究的前辈们纷纷索要拙著，不过几日，手中所得 30 本样书已被索光，部分学者不得不在网上购买。

一部蒙古文历史文献，能够传入西藏，并在当地得到抄写，本是一段传奇历程。而在古籍普查当中有一个蒙古族人能够发现，并进行研究，揭示其历史谜底，也可称是一段因缘。专著的出版，无论从古籍普查角度，还是从学术研究层面讲，均实现了古籍普查工作者将珍贵资料公布于世，为学界服务的初衷和理想。散叶作为《蒙古秘史》民间流传的异本，势必为资料欠缺而难于推进的百年“秘史学”研究输入新鲜血液，带来一次巨大的震撼。

作者简介：萨仁高娃，女，43 岁。国家图书馆古籍馆副馆长，副研究馆员。

剑江河畔访水书

黄润华

初见水书，是在中国民族古文字研究会 1982 年举行的学术讨论会上。来自贵州的石尚昭、吴支贤两位先生带来了他们的论文《水族文字研究》。石尚昭是都匀五中的副校长，吴支贤是贵州省民委的干部，二人都是水族。在讨论会上，听了他们对论文的宣讲和说明，我深深地被水文这一古老又带有一种神秘气息的文字所吸引。在此之前，仅闻其名，未见其貌。

水文是水族使用的一种古老文字，它分为象形字、表意字、谐音字三种。这种文字何时创制已不可考。有人以其部分字体与甲骨文相似，认为其创制年代或可与甲骨文相当，这仅是一种臆想，并无什么依据。近年来还有一种意见认为水族祖居中原，先民使用甲骨文，后因种种原因迁徙至黔南桂北一带，原来使用的甲骨文也失落过半，后逐渐演变为今天所见的水书。这一说法，恐怕还需要更多的文献和考古资料的支持。

水文在水族群众中并不普及，只掌握在鬼师巫者手中，这些人是水族中的知识分子，被称为“水书先生”。文字由极少数人掌握，是古代民族共同的特点，但是水族直至近代还保留着这一特点却是比较少见的。水书的内容多为天文、历法、占卜、农事、征战等，这些与百姓的生活息息相关，影响很大。

通过几天的会议，与石尚昭、吴支贤两位熟悉起来，临别之际我提出请他们帮助收集水书文献，他们欣然允诺。对于民族文字文献的采访，我一直以为要采取积极的方针，要广泛建立人脉，只要有机会采集就绝不放过。特别是空缺的文种，哪怕只征集到几种填补馆藏的空白也是好的。傣文贝叶经、女书等文献都是基于这种指导思想而收集到的。

1983 年 8 月，吴支贤先生来信告知已访到一批水文图书，嘱余南下。在馆里办好相关手续后于 8 月 29 日启程，经 48 小时后抵达贵阳，宿云岩宾馆。次日晚，吴支贤来访谈购书事宜，告知书在都匀石尚昭手中，约好第二天一早一同前往。翌日中午抵达都匀市，宿州委招待所。都匀是黔南布依族苗族自治州的首府，唐代已设县，是个历史悠久、风景美丽的小城。招待所外，河水清澈的剑江蜿蜒流过，河边有文峰塔屹立。“雁塔涵潭”为都匀八景之一。清代的洪亮吉曾来都匀，咏剑江“沿流都有鹭鸶飞，空翠时时沁客衣”。二百多年过去，而今我来了，鹭鸶不再看见，车水马龙映出的是这座边陲小城的繁华。

中午在城里的一家小饭馆请吴、石两位吃饭，这种应酬当然是自掏腰包。晚上，石、吴两位先生携书至我下榻的招待所。这批书共 36 种，其中清代 25 种，大多残缺，民国 11 种，比较齐整。据书主讲，这批书已收藏六七代，以 25 年为一代计，清抄本应为嘉道间物。这批书的内容多为占卜书，亦有一两种兵书，书的厚薄不均，清抄本除一种外均为残本。这一情况与原来吴跟我信上说的多为明抄本大相径庭。

原来在信中初步议定，明抄本按 30 页计每册 30 元，现在发现这批书都是清代后期和民国抄本，价钱当然要另议了。据介绍，书主的开价是清抄本每册 40—50 元，民国抄本每册 20—30 元，这个价格超过了原来议定的明抄本的价格，当然不能接受。几经反复，最后我提出一个一揽子方案，清抄本总共 200 元，民国抄本总共 100 元，大家都同意了。但是在复印本的问题上意见又发生了分歧。此时已近晚 11 点，只好明天再议。

第二天一早，吴支贤邀我去一个公园散步。此公园名称已忘，只记得花木扶疏，环境幽雅，还有一些盆景点缀其间。我向吴先生说，过去提起贵州只知有“天无三日晴，地无三尺平，人无三分银”之称，此次是我首度来黔，所见所闻，无论是花溪的山水灵动，还是剑江的平和宁静，都给人一种美好舒适的感觉。

言谈间不知不觉又回到昨晚中断的话题上。原来他们的要求是将这批书复印五份，除送给书主一份外，其他四份分别送两个经手人及其所在单位。送书主的一份应免费，其余四份均以优惠价计。按此方案我馆的负担就要大为增加，因此难以接受。在游园过程中，我对赠书主一套复印件表示理解，但也坦诚说明了自己的难处，吴也将其余复印件减为两份，对书主一份的费用做了一点儿技术处理。10时左右回到招待所，石尚昭也到了，三人继续正式商谈，很快达成最后协议：36册水文书以300元现金收购，由北图复印三份，其中一份免费赠送书主，另两份以内部优惠价计算。双方对有关复印的一些具体手续又做了研究，达成了共识。于是大功告成，皆大欢喜。

这批水书收购费仅用了几百元，今天的年轻人可能会感到不可思议。正好手头有份国家统计局1982年的典型调查，当时城市职工每人每月平均50元的高收入户占24.4%，50元以下、25元以上者占71%，月入25元以下者为4.6%。根据这份统计，可以说当时的收购价还是比较公道的。

9月3日下午应邀去都匀三中拜访石尚昭之叔石坚先生。石老先生早年毕业于大夏大学，曾任中学校长，时年近70岁，仍在中学教语文。石坚先生颇有儒雅之风，应是当地的高级知识分子了。晚上由吴、石作东，在一家知青饭店餐叙，因为事情办得比较圆满，大家都很高兴，石坚先生也很健谈，最后大家尽欢而散。

一晃 31 年过去了，许多细节都已忘记，但是吴支贤、石尚昭两位先生的热情和对国图的帮助一直萦绕心间。每当看到这批水文图书时，都会引起我对往昔的追忆，脑海中会闪现出已经变得模糊了的石坚老人那张饱经风霜的面孔。

作者简介：黄润华，男，75 岁。国家图书馆研究馆员。

《宋本伤寒论》访书记

钱超尘

《伤寒论》十卷，东汉末张仲景撰。皇甫谧（214—282）《甲乙经序》云："仲景论广《汤液》为十数卷，用之多验。"《汤液》指《汉书·艺文志》著录的《汤液经法》，是《伤寒论》据《汤液经法》而成书也。

《伤寒论》是理法方药融汇于一的中医临证圭臬，是超越时代、跨越国度、富有永恒魅力、具有时代精神、最为贴近民生的中华民族文化瑰宝。仲景卒后，该书散乱，幸赖魏晋间太医令王叔和整理而流传，六朝医师视为枕中鸿秘，不轻易示人，流传日稀。北宋校正医书局以荆南国末帝高继冲（942—973）于北宋开宝年间进献之《伤寒论》十卷为底本校勘，结束传本歧出局面，故称"定本"，于治平二年（1065）刊刻为大字本，以纸墨价高，携带不便，北宋元祐三年（1088）刊刻为小字本。大小字本皆为白文本，不便医家习读，逐渐为金成无己《注解伤寒论》取代。大小字本南宋及元均未翻刻，明代大字本无人一见，小字本若存若亡。藏书家赵开美（1563—1624）费尽移山心力，得仅存北宋元祐小字本《伤寒论》一部，请优秀刻工赵应期翻刻于《仲景全书》，开美谓之“宋本伤寒论”，底本旋即亡佚。今称之“宋本伤寒论”实明赵开美翻宋本也。翻宋本刻迄于万历二十七年（1599），至清修《四库全书》时，遍求不得，时称已亡，乃将成无已《注解伤寒论》收于《四库全书》。

1983年国家中医药管理局将校注《宋本伤寒论》的任务交给北京中医药大学，任命《伤寒论》大家刘渡舟教授为主编，我为副主编。从此，我以近30年时间寻访《宋本伤寒论》收藏处并加考证，可述者有六事：

找到翻宋本收藏处。中国中医科学院、上海图书馆、上海中医药大学、沈阳中国医科大学、台北“故宫博物院”各藏一部，计五部，基本考清各本传承脉络。

发现翻宋本有初刻本、修刻本之别。中国中医科学院、上海图书馆、上海中医药大学藏本是初刻本，有十余个讹字；中国医科大学、台北“故宫”藏本是修刻本，在原版木上剜掉讹字，补以正字。

发现国家图书馆所藏翻宋本不是原书而是缩微胶卷的沉重历史原因。王重民教授（1903—1975，字有三）为拍摄翻宋本《伤寒论》做出重大贡献。他的夫人刘修业在王重民《中国善本书提要》后记中说：“抗日战争期间，北京图书馆为了保证古籍善本的安全，曾选出馆中所藏珍贵书籍二千七百二十余种，先运存上海，后又秘密运往美国，寄存于国会图书馆远东部。有三不仅为这批书籍全部照了显微胶卷，而且撰写了提要。”北图翻宋本在此次运美图书中，今藏缩微胶卷。原书 1965 年回归台湾，今藏台北“故宫博物院”文献大楼。

上述四部翻宋本，我皆手抚之，目击之，笔录之，拍摄之（书影），唯未睹台北“故宫”本深愧人意。2009 年 4 月到台北观光，趁便饱览赵开美翻宋本，缩微胶卷上看不清的内容，视此涣然冰释。清代收藏此书者是姜问岐（字秋农），他在每卷首页皆钤盖“姜问岐印”“秋农”朱章，缩微胶卷模糊难辨。看清赵开美两枚“东海仙蠹室藏”朱章，证明此书是赵开美亲阅之本。《酉阳杂俎》云，书虫啮蚀书中“神”“仙”字，名为“脉望”，赵开美喻己如书蠹，名其书室曰“脉望馆”，所著书目曰《脉望馆书目》，今存。

发现清末徐坊藏有北宋大字本《伤寒论》。卷一首页有徐坊墨笔题记：

> 《伤寒论》世无善本，余所藏治平官刊大字景写本而外，惟此赵清常本耳。亡友宗室伯兮祭酒曾悬重金购此本不可得，仅得日本安政丙辰覆刻本（近蜀中又有刻本，亦从日本本出）。今夏从厂贾魏子敏得此本，完好无缺，惜伯兮不及见

矣。坊记。时戊申中秋日戊辰。

北宋人官刻经注皆大字，单疏皆小字，所以别尊卑也。治平官本《伤寒论》乃大字，经也；《千金方》《外台秘要》皆小字，疏也。林亿诸人深于医矣。南宋已后，乌足知此？矩庵又记。

徐坊（1864—1916），山东临清人，号梧生，又号矩庵，清末著名藏书家。北京师范大学中文系刘乃和教授是徐坊外孙女，在《北京图书馆馆刊》发表《藏书最好的归宿——陈垣书的捐献与徐坊书的散失》一文中说，缪荃孙把徐梧生与潘祖荫、翁同龢、张之洞、盛意园相提并论，可见徐坊藏书何其雄富。傅增湘《双鉴楼善本书目序》说，“历观近代胜流，若盛意园、端匋斋、徐梧生诸公，当其盛时，家富万签，名声烜赫，骎骎与南瞿北杨齐驱方驾”。以如此文化底蕴之家藏有大字本《伤寒论》不足疑也。此题记其余四部翻宋本无。徐坊很少写题记，只有珍品之尤珍者，才偶题数字。刘乃和说“他考证出的内容很少在书上题跋”。徐坊这则题记写于1908年，中华文献之秘珍也。

徐坊卒后，夫人守护其书，某夜此书被盗。此贼锁定目标盗窃，或曾珍藏，不知躲过“文革”劫难否？

我据中国所藏五部翻宋本校读日本安政三年堀川济《翻刻宋本伤寒论》，确证安政本以日本红叶山房所藏（今藏日本国立公文书馆内阁文库）盗版翻宋本为底本翻刻。该底本有大量讹字、墨钉，无“世让堂翻刻宋版赵氏家藏印”及“世让堂翻宋版”牌记，无张仲景序，无《伤寒论后序》，无《医林列传》，与中国所藏五部赵开美原刻本相异甚多。我已撰文发表于日本 2014 年 3 月号（通卷 136 号）《中医临床》杂志考证辨伪。在刘渡舟《伤寒论校注》1991 年出版前，国人所读白文本《伤寒论》为日本安政本，章太炎精研《伤寒论》，终其一生，所读者为日本安政本。安政本对底本讹误多予改正，惜改误未尽。

作者简介：钱超尘，男，79 岁。北京中医药大学教授、博士生导师。

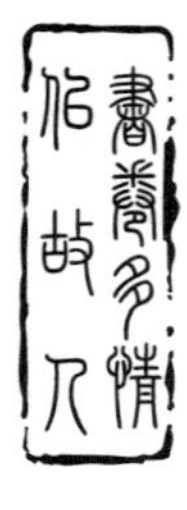

古籍让我们成了忘年交

陈　琪

明万历版本的《新编目连救母劝善戏文》一书，在国内已知现存仅有4套，即上海、黄山、祁门三家博物馆和安徽省图书馆收藏，而最完整的版本要算是祁门县博物馆收藏的一套了。说起祁门县博物馆收藏的这一套《新编目连救母劝善戏文》，勾起了我在征集这本书时的一段有趣往事。

2002年10月份，我在祁门县文化局工作。有一天，我们几个人到箬坑乡马山村做徽州戏曲民俗调查。在调查马山目连戏班时，村民们不仅积极配合目连戏传承访问，而且拿出自己保存的演出服装、乐器、手抄本等有关文物让我们拍照。77岁的叶有龙精心保管了6册清代目连戏手抄本，非常难得。他们将这种手抄本叫“曲本”，将郑之珍《新编目连救母劝善戏文》叫“目连卷”。我问，郑之珍的老“目连卷”没有了吗？村民们都说好像没有了。

这时，一位老人说，“我家还有一套”。考虑到其他人在场，我们和老人单独聊了起来，问他能不能让我们看看，想不想卖。老人说不会卖的，看看可以，随后就回家去取书。因为是晚上，山村巷路高低不平。为了安全起见，我们陪他一起回家。到了他家，他让我们在厅堂等待，自己上楼拿书。不一会儿，一包用旧报纸包裹得严严实实的 3 本书，放在了八仙桌上。我们仔细翻阅，正是明万历《新编目连救母劝善戏文》。我们一边拍照查看，一边与老人家聊天。现在收古董的人多，没有人想买吗？老人家说，古董贩子经常来，一些东西也卖得差不多了，就是这一套书我不卖，留着自己看。

我们想，这样一套保存完好的明版戏曲书，作者又是祁门人，一定要保存在祁门才有意义，那么最好的保存地方当然是博物馆。否则，就是现在不卖，随着时间的推移或是其他种种原因，书迟早会流失的。怎样才能征集得到这一套书呢？我们非常茫然，遂与老人聊天，看看有没有什么可能。我问，古董贩子想买你这书，他们出多少钱呢？老人说：出的最多的是 300 块钱。我说：你又不缺这 300 块钱，是不能卖。如果 300 块钱卖，还不如捐给国家。老人眼睛一亮，我心想可能有戏，于是继续不动声色地聊天拉家常。

老人告诉我，他叫叶有炽，已经 79 岁，一直在县城从事教育工作，由于“文革”受到迫害，就回到家乡马山村隐居，过着闲云野鹤般的生活。他老婆姓郑，是目连戏作者郑之珍家乡清溪村人。民国三十五年时，他到岳父家做客，在老房子支祠的楼上，看见《新编目连救母劝善戏文》的木刻板，整整齐齐地码在木头架子上，刻板按戏文顺序排列有序，保存完好，油墨黑亮，唯独《思凡》一出戏文刻板被虫蛀了。岳父看他是文化人，喜欢读书，便将家里祖传的一套《新编目连救母劝善戏文》给了他。

我说作为郑氏女婿，你保存好《新编目连救母劝善戏文》是有功的，如果把它捐给国家保管，不仅有功于郑氏，有功于祁门，还有功于国家。放在县博物馆保管条件会更好，目连故里保留了意义更大，你可以随时去看。如果流失了，对祁门来说是个损失，以后研究也不方便。在我们的鼓动下，叶有炽终于同意把这套书捐给祁门县博物馆。第二天一早，叶有炽就把书送给我们。为了奖励这种行为，我们当场奖励他1000块钱。后来，我们又给他颁发了捐赠证书。现在，这本《新编目连救母劝善戏文》经鉴定为国家一级文物。

郑之珍《新编目连救母劝善戏文》成书于明万历十年（1582），初刻本叫作高石山房本，由歙县人黄铤主刀刻版。黄铤是著名的徽派刻书家，时有“徽刻之精在于黄，黄刻之精在于画”的说法。这一时期，徽州明刻本又出现了一种不同于嘉靖时期标准本的新风格。其主要特点就是方板整齐、横平竖直，而且是横细竖粗、完全脱离欧字的新字体。特别是 63 幅插图版画，线条细劲流畅，婉细遒劲相兼，纤不伤雅，神叟意远，精致婉丽、秀逸灵动，具有极高的艺术价值和欣赏价值。郑振铎说：“歙县虬川黄氏诸名手所刻版画，盛行于明万历至清乾隆初。时人有刻，必求歙工，而黄氏父子昆仲，尤为其中之俊。举凡隽雅秀丽或奔放豪迈之画幅，一入黄氏诸名工手中，胥能阐工尽巧以赴之。”

郑之珍新编剧本刊印问世，在当时及后来都产生了极大的影响，在当时产生“好事者不惮千里求其稿”的效应。同时，扼制了民间无日无夜、无休无止的演出势头，实际上在当时起了一种约束、规范的作用，因而多为人宗依。郑氏新编本仍然保持了民间演出质朴、本色的风格，受到大众的欢迎，很快流传开来，远播湖南、四川等地。直到清末至民国年间，京剧、祁剧、川剧等许多剧种戏班演出都采用郑氏的本子。

后来我去马山村，都要去看望叶有炽老人，渐渐地我和他成了好朋友。他总是带我参观马山的老房子，讲述马山村各种民间故事与传说，告诉我马山目连戏班与祁门其他目连戏班的不同。2005 年我再次到马山做民间祭祀调查，在我的鼓动下马山村恢复了祠堂祭祖活动，叶有炽亲自主持了“乙酉年叶氏叙伦堂春祭”。他还把父亲叶兰芬清光绪十八年（1892）续修的《石林叶氏宗谱》给我看。后来，我有幸在网上买到了他父亲叶兰芬的恩科试卷，还有一张宣统三年（1911）《申覆茶商实难认缴矿股据禀录》，记录了当时恩贡生叶兰芬和花翎四品封职胡元龙带头联合茶商，坚决抵制购买矿务茶股。我都一一复印送给了他。现在，我们已经成了徽州民间文化交流的忘年交了。

作者简介：陈琪，男，53岁。安徽中国徽州文化博物馆馆长。

有些事情，能做好一件就够了

张国风

本科学金属物理的我，本来与古籍没有多大关系。但是，1978 年，历史赋予了我机会。那一年，我听从来自内心的呼唤，报考北京大学，改行学习古典文学，从此与古籍有了缘分。当时，林庚、冯钟芸两位先生为我和我的同窗定下了庞大的阅读计划。诗歌从《诗经》《楚辞》读起，散文从诸子读起。三年研究生所读的，主要还是古籍的排印本。基本上都是清人整理过的文本。从这一点来说，还得感谢乾嘉汉学。1985 年，我重回北大，跟随吴组缃先生攻读小说史。这一阶段，因为写作博士论文的原因，开始比较多地接触到线装书。那时候北大图书馆的规矩没有现在这么严厉，线装书也可以一大堆一大堆的带着匣子借出来，抱到宿舍里去阅读，这大大提高了阅读的效率。

1988 年 2 月，提前从北京大学博士生毕业以后，我来到北图（即现在的国图）工作。先是在参考部，后来被调到善本部工作。来北图特别是到善本部工作以后，我与古籍的缘分大大地加深了。在北大学习期间，培养了我对文学的感知能力。到北图以后，我得以看到大量的古籍善本，看到许多堪称国宝的善本，认识了一些造诣深厚的版本学家。凭借善本部得天独厚的条件，我“恶补”了目录学、版本学、校勘学方面的知识。善本部严格的收藏、鉴定、修复、保护、阅览制度，培养了我对善本的珍惜、敬畏之心。记得北图的前馆长、已故的任继愈先生有这样的感慨:“一天不读书，就觉得心里空落落的。”我想，任先生说出了读书人，尤其是从事文字工作的人的深刻体验。书中虽然没有千钟粟、黄金屋、颜如玉，但书中确实有无穷的乐趣。特别是阅读古籍，就是与古人对话，听他们讲人生体验，讲悲欢离合，想象古人的喜怒哀乐，古人的音容笑貌，恍如眼前。一卷在手，增人知识，启人智慧，添人文思。书中自有百味人生，书中自有兴亡成败，书中自有古今见闻，书中自有旷世风韵。目随书行，神与书游，不亦乐乎！可惜，人生苦短，书海无涯，书又是读不完的。如今，时代变了，变作了网络的世界。可是，阅读纸质书的那份从容之美、回味之美，依然是网上阅读难以获得的。

因为在善本部工作的原因，我有了一点版本学的知识，完善了我的知识结构，渐渐地对版本问题产生了兴趣。于是，研究十三经的单疏本，研究朱子的《家礼》。现在回想起来，那好像是一种考证版本源流的练兵。在积累了一些经验以后，我开始研究《太平广记》的版本。读博士时，我跟吴先生学的是中国古代小说，而《太平广记》正是宋前小说的总汇，所谓“小说家之渊海”。程毅中先生发表在《社会科学战线》上的一篇有关《太平广记》的文章，更是引起了我对《太平广记》版本的兴趣。于是我决心选择《太平广记》正式开始我的版本研究之旅。

《太平广记》在大陆的几种重要版本都在北图。沈与文的野竹斋钞本和陈鳣的校宋本，都藏在北图善本部。至于谈恺本，国内多家图书馆都有收藏。后来我又知道了台湾藏孙潜校宋本。去韩国教学的一年，我又收集到古朝鲜的《太平广记详节》。这是一个《太平广记》的选本，比谈本早了 100 多年。我们应该感谢周边国家为中国保存古籍的功劳。至此，资料大备。研究完《太平广记》的版本，我又在程毅中、白化文两位先生的鼓励下，进行《太平广记》的校勘，这一校勘的成果就是 20 册的《太平广记会校》。当时，许多出版社不愿意接这样的项目。时任燕山出版社总编辑的赵珩先生毅然接受了此稿。让我没有想到的是，从 1992 年入手研究《太平广记》版本的源流，2004 年出版《太平广记版本考述》，再到 2011 年《太平广记会校》出版，前前后后，居然花费了 20 年的时间。

我自知我的性格并不适合旷日持久的古籍整理工

作，但一旦开始，欲罢不能，也很想把它做完做好。古籍研究和版本整理结合在一起，这样的学习和实践使我有了一点儿提高。我曾对任继愈先生表示：“《太平广记》这样的版本研究和古籍整理，我一生只能做一次了。”任先生说：“做一个就够了。”

离开北图20年了，对于北图的同事，对于那一段经历，对于那些珍贵的善本，我依然非常怀念。过去的经历，渐行渐远，正在慢慢地淡出。可是，对书籍、对古籍的热爱，将永远伴随我的生活。

作者简介: 张国风，男，70岁。中国人民大学教授。

梦想与使命

——我与北大图书馆古籍未编书的不解情缘

姚伯岳

我是北京大学图书馆的一名古籍编目员，具体岗位是编目总校，也就是校对其他编目员的编目记录。我有一个梦想，就是有一天，北大图书馆收藏的所有古籍都被很好地编目整理，装进贴着美观书签、古朴而典雅的函套里，一排排整齐规则地码放在散发着原木清香的书柜中。它们将享有长久的生命，延续着中华文明的血脉，直到永远……我冥冥中感到，这就是我的使命，我似乎就是为此而到这个世界来的。

不知从何时起，就有了北大图书馆馆藏古籍150万册的说法。这个数字在全国高校图书馆中排名第一，在全国图书馆中名列第三。但直到20世纪80年代，竟仍有超过三分之一的馆藏古籍尚未编目！探究其原因，大致有四：

民国时期有意不编目。民国战乱频仍，列强环伺，家底一旦暴露，珍贵的古籍就可能不保。为了避免军阀和帝国主义的强取豪夺，那时的图书馆人出于爱国爱书的原因，并不急于为古籍编目。

大量的复本、小册子及特殊类型古籍当时规定暂不编目。

古籍屡经搬迁造成次序散乱，已编书变成未编书。1952年院系调整后，北大从城里搬到燕京大学校园，与燕大图书馆合并的北大图书馆同时还接收了中法大学、中德学会等机构的藏书，因书库空间紧张，便将老式楼房的顶层阁楼当作书库。但老式楼房的楼顶每隔若干年就要翻修一次，藏书搬来运去，几经折腾，原来编有简目的古籍最终变得杂乱无序，无法利用，沦落成了未编书。

政治运动不断，没有条件编目。新中国成立后直到“文革”结束前，由于客观环境限制，无法组织和开展正常的古籍编目工作。

20世纪80年代，为了解决多达60多万册的未编目古籍，北大图书馆一度配备了人员齐备的古籍编目班子，用了六七年的时间，整理编目了16万余册的古籍。但由于书库空间饱和以及工作重心的转移，20世纪80年代末期，这项极有意义的工作又陷入了长期停顿的状态。

我于1980年考入北京大学图书馆学系，1984年考取该系图书馆古籍整理研究方向硕士研究生，师从郑如斯教授。1986年底毕业留系任教，讲授图书馆古籍编目和版本学等课程。

1985年秋季，郑如斯老师就安排我和同学顾红、张纪亮三人，在北大图书馆进行为期两个月的研究生专业实习，共完成650余部古籍的编目。从那时起，我就发自内心地爱上了这项极具学术性的图书馆工作。此后，我每周都要抽出一两天时间到北大图书馆做古籍编目工作，直到1988年未编书编目工作因故停止。但我发誓，一旦北大图书馆重新开始古籍未编书的编目，我就会立即调到图书馆专门从事此项工作！

1998年，北大图书馆新馆扩建完成，配备了4000多平方米的古籍地下书库和宽敞明亮的古籍阅览室。我意识到，履行自己诺言的时候到了！于是1999年初我便从信息管理系调到北大图书馆古籍部并担任分管古籍编目的副主任，开始了我的图书馆员生涯。

一进图书馆，我首先面临的任务不是编目，而是搬家。我带领同事们不但要将已经存放在总馆各处的已编目古籍搬入新馆，还要将分散在全校各个老式建筑如俄文楼、红二楼、红三楼、外文楼等楼顶的未编目古籍统统搬运到新馆，集中放置在古籍未编书书库中。搬家的任务是如此繁重，前后竟然花费了整整一年的时间！由此，我也深深地感受到了中国古籍的浩如烟海。

接下来进行的是已编目古籍的计算机回溯编目工作，同时设计制作了专门的北大图书馆古籍著录系统及其发布系统“秘籍琳琅”，初步建成了北京大学图书馆古文献资源库。随后又联合其他高校图书馆建成了“学苑汲古——高校古文献资源库”。直到2005年秋天，才终于重新开始了古籍未编书的编目。

古籍编目的过程是复杂而艰辛的。古籍及其函套上长年积攒的灰尘要靠我们编目员自己吸尘去除，散乱的古籍要一函函、一册册地配齐，破损严重的古籍要甄别修复，没有函套的古籍要新做书套，函套上的书签要自己设计、打印、粘贴，版本要鉴别考证，古籍上的藏章印记要辨认著录，要做主题和分类的标引，要给出典藏号中著者的四角号码，书目记录要挂接电子扫描的书影图像……脑力劳动，体力劳动，兼而有之；简单环节，复杂环节，样样不能少；工作的脏与累，外人不能体会；其中的甘苦，也唯有编目人自己知道。

时光荏苒，一转眼8年过去了，我们已经完成了3万多部30多万册未编目古籍的原始编目，发现了大量有价值的古籍品种和版本，提升了北大图书馆藏古籍资源的价值和地位。我作为编目总校，认真审校着每一部书的编目数据，同时也纠正着以往编目记录中的各种著录错误。无疑，新的编目数据质量较以往有了大幅度的改善，我个人和我的编目同事们也在工作中得到了业务素养和知识技能的全面提高。

如今，北大图书馆未编目的古籍还有近20万册，而且类型多样，残缺散乱极为严重，编目真正到了攻坚的阶段。展望前景，有喜有忧：喜的是新的古籍图书馆即将拔地而起；忧的是古籍编目后继乏人。我深感自己责任的重大！历史的经验告诉我们，只有在和平安宁的年代，古籍才可能得到精心的整理维护，才可能有稳妥的归宿。我因此更加珍惜今天的美好时光，将会更加努力工作，争取早日实现自己的梦想！

作者简介：姚伯岳，男，52岁。北京大学图书馆研究馆员。

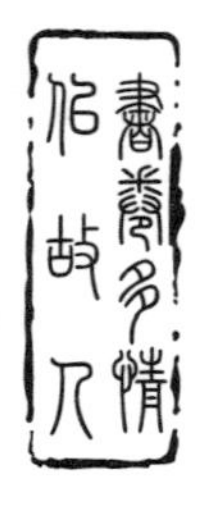

我与古籍为伍

李国庆

我与古籍为伍，屈指数来已历 30 多个寒暑。

起初自己不知古籍为何物。1978 年是国家恢复高考的第二年，高中毕业后我参加了高考，以两分之差落榜。之后考入天津图书馆在全市自主招生的图书馆学中专班。1980 年毕业后留馆参加典藏阅览服务工作。

两年后的一天，部门老主任把我叫到一边，低声对我说："下周跟我到古籍部报到！"当时，我对古籍部的工作并不清楚，顺口应允。转天，我便和这位老主任一同来到了古籍部报到。这才得知，老主任由典藏部调到古籍部，继续担任主任，年轻的我配合主任，开展馆藏古籍基础性整理和藏书布局调整。每天的工作，是对书库中尚未细致整理与调整的全部古籍进行初步区分和调整。老主任的工作含金量较高，他将其中的善本、普本，以及副本、残本等进行挑选和区分，我的工作属于辅助性的，每天用小车把这些已经区分的不同古籍，搬搬运运，分别摆放在不同书架上。由于老馆年久失修，书库保管条件较差，在闷热的夏季干这样的活，总是满头大汗。自己干活时图快捷怕麻烦，从不戴口罩和手套。或许因吸入了书上的尘埃，经常咳嗽；或许因沾上了书上的螨虫，双手和胳臂经常泛起红斑，我全然不顾。不知从何时起，这些症状慢慢消失了，也许还由此产生了抗体，竟然不再复发！老主任戏称："这叫以毒攻毒！"

渐渐地，我喜欢上了这些古籍。对馆藏古籍进行著录编目，是图书馆整理古籍的基础性工作，我也参与其中。进到书库中，满眼看到的都是原版古籍，琳琅满架，其数之多，真如古人"浩如烟海"之喻。其版本各异，更是不可胜记。因古籍产生年代的远近不同，分为宋椠元刊、明清佳刻；因古籍刊载的内容不同，有经、史、子、集四部之异；因雕印技艺不同，有套印、拱花和敷彩印本之别称；因古籍装帧形式的不同，有卷轴装、经折装、蝴蝶装、包背装和线装之分；因水火兵燹等主客观原因所致，各种版本古籍流传下来的数量多寡不同，故有通行本、稀见本及孤本之区别。由于终日接触这些古籍，好似谈恋爱，慢慢产生了感情，几乎喜欢上了每一部古籍。每当手持一部古籍，一种莫名感觉油然而生，仿佛与古人先哲对话：作为晚辈后生，自己要用心整理和守护这部宝贝古籍，不容半点差错。这种感觉发自内心，纯粹出于自然和职业习惯。

随着对古籍认识的不断加深，我逐渐洞悉了这些古籍的深奥之处。自己工作之余，参加了在职教育，从北京大学和天津师范大学分别拿到了国家认可的正式文凭。经过了系统的理论学习后，自己对古籍整理和版本鉴定的感知有了质的提升。清代学者章学诚曾提出“辨章学术，考镜源流”，几将古代传统学术文化的真谛进行了综合性概括。古代流传下来的这些典籍，是我国古代文明的载体，记载着中华先民的聪明智慧和劳动成果，这些典籍的内容可谓博大而精深。各个学科领域，可用经、史、子、集四部进行类分和组织，举凡十三经、二十四史、诸子百家和大家文集，是其精华部分，各个部类之中，又析分子目。用四部对其进行分类，以体现“辨章学术”；对每类中古籍之间的前后排序，以体现“考镜源流”。自己常想，洞悉古籍之深奥，驾驭四部之文献，守望并弘扬传统之文化，乃古籍工作者义不容辞之职责。

近年以来，国家实施“中华古籍保护计划”，自己投身其中，参加了原生性和再生性古籍保护工作。为了培养国家急需的古籍保护专业人才，国家古籍保护中心负责组织教师团，自己忝列其中，奔赴各省古籍保护中心，对学员进行古籍业务强化培训。作为主要起草人之一，自己参加了文化部行业标准——《古籍定级标准》的编写工作，这个标准在推动“中华古籍保护计划”实施方面发挥了积极作用。在天津馆建成了全国公共图书馆规模最大的古籍修复中心，组成了一支古籍修复团队，精心修复残破古籍。在天津馆承办了由国家古籍保护中心主办的首届全国古籍修复研修班，为培养高级古籍修复人才探索出了一条新路。2014年初，《天津图书馆古籍普查登记目录》和《中国古籍珍本丛刊·天津图书馆卷》在省级公共图书馆范围内率先编纂完成并正式出版，这是“中华古籍保护计划”取得的重要成果之一。我还参加了其他一些大型古籍丛书的影印出版工作，并作为第13包项目负责人，参加了国家新闻出版总署重大科技项目“中华字库”工程的建设工作。

30年，弹指一挥间。我自觉采取“白加黑，五加二”工作法，不知疲倦地工作着。工余之暇，晚饭之后，伏案写作，不经意间，竟然产生了古籍论著若干种！我对古籍怀有一份特殊感情。习近平总书记提出让书写在古籍里的文字活起来，这是党中央对我们古籍工作者提出的最新要求。作为长期从事古籍工作的一名老职员，甚感欣慰，倍感责任重大。我将发挥余热，努力工作，不辱使命，为弘扬祖国传统文化贡献自己的一份力量，这既是我现在的想法，也是今后的行动目标。

作者简介：李国庆，男，57 岁。天津图书馆历史文献部主任，研究馆员。

研究文献　编纂书目

韩锡铎

古籍文献是历史上流传下来的，很多遗留问题前人已经澄清，至今仍未澄清的诸多问题，为我们今天或今后的人留下了澄清的空间。我在整理古籍、研究文献的过程中，遇到了一些问题，也做了一些工作，希冀对图书馆古籍整理事业有所帮助。

一、研究文献　解决问题

辽宁省图书馆藏有一部朝鲜刻本《樊川文集夹注》四卷外集一卷，唐杜牧撰，其注释者却没有署名。该书不见有中国刻本。1983 年我对这部朝鲜刻本进行了鉴定著录，发现书后有刻书牌记，用中国明代年号，可著录为正统五年（1440）朝鲜全罗道锦山刻本。《中国古籍善本书目》1980 年在北京汇总时，我负责唐别集；记得杜牧的诗文集现存最早的是正德刻本，而

《樊川文集夹注》为正统刻本，比之早了70年。我对此进行了研究，从引用的资料来看，注释者当为南宋时人，用清代冯集梧注本进行校勘，发现文字有很大差异。引用的资料有些已经失传了，如《十道志》《春秋后语》《三辅决录》等。在卷二《华清宫三十韵》“喧呼马嵬血，零落羽林枪”句下，引用了《翰府名谈》《玄宗遗录》中有关杨贵妃之死的1000余字的资料，这是迄今为止描写杨贵妃之死最详细的资料，有情节，可以体现杨贵妃的性格。我为此写了《关于〈樊川文集夹注〉》，发表在《辽宁大学学报》（哲社版）1984年第4期上。中华书局2008年出版的《杜牧集系年校注》，引用了我的资料，对《樊川文集夹注》作了论述。

1972年，辽宁省图书馆从辽宁省文物店购入了宋代刘宰的二十二卷《漫堂先生文集》。该书曾藏清宫，《天禄琳琅书目续编》卷七宋版著录，有乾隆“天禄继鉴”玺印全套。该书字体排列不甚整齐，边栏接头处有较大缝隙，卷十九第六叶“甘”字倒了，显然是活字印本。1991年我对这个“宋版活字”本进行了研究。文渊阁《四库全书》抄录的《漫堂刘先生文集》为三十六卷，前有正德十六年（1521）任佃序和嘉靖八年（1529）王皋序。根据这两篇序文可知，刘宰死后，同里王遂整理其遗稿，编为三十六卷，正德时大学士靳贵从内府藏书中抄出，王遂的后人在王皋的帮助下先刻四卷，嘉靖时又续刻三十二卷。收刘宰诗文1226篇，分体编排。上述二十二卷本是宋赵葵编的，也是分体编排，篇章顺序与三十六卷本同，但只收484篇，均见于三十六卷本。二十二卷本宋讳很严，讳字的本字及嫌名几乎全避。20世纪80年代顾廷龙先生到辽宁省图书馆看书，我给顾老看了此书，顾老说“纸是染的”。经过分析以后得出结论，二十二卷本《漫堂先生文集》是明代隆庆以后的刻本，作伪者刻了一套避宋讳的木活字，用经过人工染的纸，删节三十六卷本，印成假宋版。这是古籍造伪的新发现，我就此写了《古籍版本造伪的“杰作”》，在《上海高校图书馆情报学刊》1992年第4期上发表了。

《嘉兴藏》是一部自明代万历时始刻，一直刻到清代康熙时的私刻大藏经，它改变以前的卷轴装和梵夹装而为线装（即方册），收佛教典籍最多，很有影响。2000年以前凡介绍《嘉兴藏》的资料，尽管结论不一，但都不够全面。2000年，长春的私人出版商姜锡慈先生，让我推荐影印出版大藏经，我建议他出版《嘉兴藏》。不久，他让我主持这项工作。我用几年时间，征集到了东北师大图书馆、中山大学图书馆、北京故宫、北京大学图书馆藏的《经直画一》（即经书的价格一致），这些《经直画一》大部分相同，有些地方不同，都不是全藏的目录，是某一个时期发行的目录（云南省图书馆、台湾汉学研究中心《经直画一》没有征集到），全国没有一次性的发行过全藏。我决定重辑，写了《关于〈嘉兴藏〉及其重辑工作》，发表在《古籍整理出版情况简报》2005年第4期、第5期。我征集到包括台湾地区在内的全国各单位藏的《嘉兴藏》子目，以北京故宫藏的《经直画一》为基础进行重辑，北京故宫《经直画一》所缺的，用其他藏本补，北京故宫《经直画一》所无的，编为《拾遗》。2008年由北京民族出版社按原大影印出版，正藏211函，续藏93函，又续藏46函，拾遗27函，加上《重辑嘉兴藏》总目录、索引、重辑工作文集3函，共380函。

二、编纂《东北地区古籍线装书联合目录》

1986年，东北三省有关图书馆馆长在长春召开协作会议，研讨几项协作项目。其中一项是古籍联合目录，确定由辽宁省馆牵头。赵成山馆长回馆后把任务落实给我。我当时是辽宁省图书馆特藏部主任。

我参加过从1977年至1988年《中国古籍善本书目》的有关会议和在北京的汇总工作，对古籍联合目录有所了解。我认为此项工作不宜匆忙上马，必须做充分的准备。于是，我用两年多的时间走访了三省二十几个图书馆，了解藏书情况、人员情况和编目情况。这项工作任务十分艰巨，我草拟了收录范围、著录条例和分类表。

1989年冬，我们在沈阳召开了第一次编委会议。收录范围从实际出发，凡是汉文线装书皆收，著录条例和分类表参考了《中国古籍善本书目》,并有所扩大。因为“古籍”在学术上有定义，书名定为《东北地区古籍线装书联合目录》。基本确定1990年至1991年编目，1992年至1993年各省汇总审核，1994年至1995年交出版社，由辽海出版社出版。汇总审核时，先以著者集中，后以书名集中，做到著者、书名（含卷数）、分类、版本达到统一。

第一次编委会开完之后，辽宁省、吉林省相继召开了会议落实任务。黑龙江省图书馆的卡片已先行一步集中到省馆汇总审核，1991年在长春召开第二次编委会议，研究编目中出现的问题。

1986年这个项目确立时，赶上了计划经济的尾巴，而在90年代执行时，已是市场经济了。这个项目没有经费，没有政府的红头文件，工作开展后，步履艰难。参加项目的图书馆或个人，工作消极，或以其他工作搪塞，工作停顿了。我知道情况之后，硬着头皮做工作。他们也都给我面子，停下来的工作又开始了，但却拖延了时间，本来两年的工作做了六年。我先后去了三次长春，每次皆有收获。1996年，辽宁省、吉林省开始汇总审核工作。

1998年6月，吉林省馆、黑龙江省馆的三位同志带着本省的卡片，到了辽宁省图书馆，进行三省汇总审核。人员集中了，遇到的问题可以随时解决。

2001 年 6 月，我们将三省已审核完的卡片，按类别分送到各馆，进行款目排序，最后交给出版社。

因为是协作项目，要发挥各馆的优势。我到有关馆进行探讨，综合各馆的情况，经部交给黑龙江省馆和哈尔滨市馆，在黑龙江省馆排序。史部交给吉林省馆，再分发给长春市馆、吉林大学、东北师大、吉林省社科院。子部由辽宁省馆负责。集部，楚辞至汉魏六朝别集，交给吉林省吉林市馆负责，戏曲、小说类由我负责。其他类别由大连市馆负责。丛部，交给黑龙江省齐齐哈尔市馆负责。

2003 年 2 月，卡片又返回辽宁省图书馆，特藏部又进行了一番整理，2003 年 5 月交给辽海出版社。

2000 年我又联系了辽海出版社。出版社的同志说，交稿的时间早过了，出版社社长已换人，你们只好自费出版吧。经过辽宁省图书馆馆长王荣国的努力，辽宁省图书馆出 4 万元，其他两省省馆各出 3 万元，10 万元交给辽海出版社。

2003 年 12 月，《东北地区古籍线装书联合目录》精装 16 开 4 大册（包括索引）出版，填补了地区古籍联合目录的空白，2006 年被文化部评为优秀成果三等奖。

计划 6 年的工作，拖了 15 年才完成。这期间人员发生了很大变化。在北京参加过《中国古籍善本书目》汇总的大连馆的王多闻、吉大馆的宋效先、黑龙江省馆梁信义等三位有经验的同志，有的病逝了，有的退休了，有的调出了，他们本应该参加三省汇总审核的。其他熟悉古籍工作的同志很少了，我到各馆联系工作时，见到的都是新面孔。《东北地区古籍线装书联合目录》出现许多问题，我几次称它为“资料目录”，问题的严重就可想而知了。

但《东北地区古籍线装书联合目录》的成就也是斐然的。第一，它信息量大，著录古籍10万余种，有的图书馆在完成《中国古籍总目》时起了很大作用；第二，揭示了以往的古籍书目没有著录的文献，如《中国丛书综录》《中国通俗小说总目提要》《中国宝卷总目》等未著录的书，本目录皆有著录；第三，分类表我调整了三次，用“四部法”全面类分现存古籍，有所启迪。

东北地区图书馆的几位同志和我说：“这次工作没有你的坚持，早就夭折了。”我坦然一笑，心想这样才对得起三省图书馆馆长，对得起十几年参与此项工作的同志们，对得起我热爱古籍的良心。

作者简介：韩锡铎，男，75岁。曾历任辽宁省图书馆善本组组长、特藏部主任、业务副馆长。

蠹鱼脉望三生愿　楮墨芸香不解缘

胡　露

打开古籍室厚重的大门，呼吸一口灵香草的气息，平凡而有滋有味的一天工作，就此开始。看一下温、湿度计，降温、抽湿，小心翼翼取出樟木柜里的古籍，一本本翻动，拍去浮尘，查看有没有生虫。又拿起几本书，用宣纸包裹好，封在密封袋里，放入低温冰箱中冷冻灭虫。休息片刻，一杯清茶、半卷诗书，这正是我要的生活，真好！闲来追想我与古籍的缘分，真可谓冥冥之中，自有天意。

我自小就喜欢读诗词文赋，常常沉浸在平、上、去、入的节奏里，抑扬顿挫的吟哦中。透过历史的烟尘，领略古人的风采，而《世说新语》中的冷峻风神、《聊斋志异》中的恢奇轶事，也让我有一种千古之下，与古人交的别样感受。所以读大学时，自然选择了中文系，古代文学、中国文化史等课程，我都听得如痴如醉。尤其是陶敏教授的古典文献学，更让我开始对各种古籍的前世今生兴趣盎然。古籍不仅仅是一本普通的书，也不同于一件冷冰冰的文物，千百年间，无数代人的肉体被黄土湮灭，但古人思想的火花、心灵的呓语，仍鲜活生动地存留在文字中，等待今人去阅读、体悟、共鸣。

于是，带着对古人的好奇，也出于“浮生愿向书丛老，不惜将身化蠹鱼”的理想，我考取了南京师范大学古典文献学硕士研究生，师从著名文献学家江庆柏研究员，真正开启了与古书相伴的生涯。简册装、卷轴装、经折装、梵夹装、旋风装、蝴蝶装、包背装……稿本、清稿本、钞本、批校本、过录本……目录学、版本学、校勘学、辑佚学、辨伪学……江老师温润如玉，如数家珍；我们求知若渴，如沐春风。中华典籍，不再是昔日含混模糊的概念，更成为我全身心观照研究的对象。

更想不到的是，醉心坟典的同时，我也收获了爱情——颇有书卷气的同专业师兄，相识、相知、相爱、相守，一如我与古籍的感情。我们常去清凉山下的南京图书馆古籍部看书做论文，一册册《景印文渊阁本四库全书》或《存目丛书》、一部部的方志、一卷卷的别集，一页页翻过，其乐无穷，不足为外人道也。两人还各自点校了一部诗文集，后交由上海古籍出版社出版。那段时间，北上国图，东至上图，抄善本，对胶卷，摹拓片，也便更能体会古人著述的苦心孤诣，今人研读的艰难困苦。泡图书馆的日子，每天朝九晚五。穷学生没钱，都是自己带饭，几个包子，一点咸菜，借图书馆的微波炉转上几转，就解决了午饭问题。在南图看书期间，有时会结识一些老先生，如卞孝萱先生、柯愈春先生……其中最熟的，还是著名版本学家沈燮元先生（也是师兄启蒙恩师王亦群先生无锡国专时的同学），从请教问题，到一起逛书店、侃大山，居然成了忘年交，而聊得最多的，还是经典的阅读与研究、古书的鉴定赏评，以及学林的旧闻轶事。

工作了，师兄（已成外子）进了某高校中文系，教古文献；我则进了该校图书馆，管古籍室。每天摩挲着一册册古籍，从陌生到熟悉，渐渐地古籍似乎变成了自己的亲人。有来借阅的师生一问，我便知所求有无馆藏，若有，一分钟就能找出交到借阅者手上。看书的学生虽然不多，但总有几个用功的，照看着徜徉书海的读者，自己有空也顺便读上半卷，看着焕彩楮墨，翻着飘香卷帙，心里真是既满足，又平静。偶尔，有学生来请教个字，问几句话的理解，打听一些资料的存佚，我也不免技痒，好为人师一番，那种愉悦，真的很惬意。

正赶上全国古籍普查，我荣幸参与，又加深了对古籍的认识和感情。说实话，古籍普查挺繁琐，填写的项目很复杂，书名、卷数、序跋、批校、行款……需要耐心和细致，但也确实锻炼人。常常在古籍普查群里，为几个藏书章的识别、一则题跋的辨读，大家争来辩去，增长了知识，开阔了眼界，也因此结识了很多同道，甚至互相寄几包茶叶、一方砚台。古人云“君子之交淡如水”，我却觉得，君子之交，正像这淡淡的书香，历久弥新；又像这薄薄的宣纸，可寿千年。

去年，我又参加了省馆组织的文献修复培训班，从此我的工作更加充实，拆装、托裱、点镶、装订……看着一页页残损的纸张，一本本破旧的卷册在我的手下焕发新生，心里充满了成就感！想想在南京求学时的同学们，毕业后又有多少人能够真正有幸从事本专业的工作呢？能够学为所用，亲近诗书，平淡而不失滋味地生活，这真是因为跟古籍的缘分。

令我们惊奇的是，或许是耳濡目染，五岁的女儿也对古籍兴趣浓厚，还特别爱看繁体竖排的古书，多是些民国老教材，偶尔看点有小字双行注的《笠翁对韵》《幼学琼林》，常常跑来跟我讲：“妈妈我告诉你，这是某某字的繁体！”师兄也常戏称：“你这么喜欢，将来我买几十函再造善本给你做嫁妆吧！”或许，我们家，真的会跟中华古籍有解不开的缘？

作者简介： 胡露，女，33岁。广东潮州韩山师范学院图书馆古籍室管理员，副研究馆员。

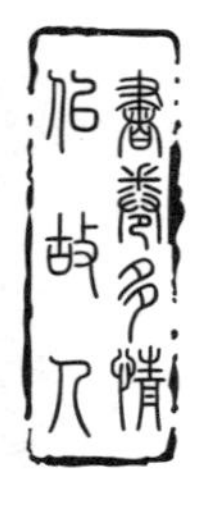

古籍普查花絮乱弹

沈秋燕

一般人询知我在图书馆的古籍部，总不免关心地询问："成日里与那些个旧书打交道，人也成古董了吧，有啥趣儿呢？"闻言，只笑笑，也不辨。乐与不乐，个人感觉，不在其中的人怎能享受到我的独到的乐趣呢？

与存在了上百年的人类宝贵遗产打交道，是常人得不到的缘。从 2007 年 8 月开始，我投入了古籍保护与普查的工作中，更是加强了这种缘分。

2007 年 8 月至今，我的普查工作年轮已增加七圈。伴随着紧张工作的，还有各种意想不到的糗事、趣事、乐事，天天与同仁开心一刻，化解日复一日的枯燥，让我们的工作变得乐趣无限。不信，咱就说上几段。

每天要运用到业务常识，如避讳字，还有各种字体的生僻字，让人头疼又具挑战性。时间一久，竟似得了职业病。看到墙上的标语“弘扬社会主义道德”，自语“‘弘’未避讳”；大年三十共观春晚，也能扯上古籍。前年魔术师傅琰东出场，一见着“琰”字来劲了，“这字可难找了，今儿个碰上了”；同仁们去茶楼小聚，包间的帘子上印了各种字，还挺古怪的，我情不自禁地侧头辨认起来，同仁们也个个歪着脖子，不时叹气“认不出”“什么字，造的吧”。游山玩水之际，瞧见旁人沉吟之际，也要忍不住指点一番，看那些人钦佩的神情，颇为自得。

全国原有的古籍整理队伍，并不强大，尤其是公共图书馆，古籍并非重点，基层馆从事古籍整理的更是兼职居多。古籍普查整理的任务一下，各单位纷纷培养新手。古籍整理内涵丰富，涉及许多专业的知识。平台著录是简单的，可得先弄明白书的各种信息，才能确定著录内容。浙江省古籍保护中心建了个古籍保护工作的QQ群，交流中，常有一些问题，令人忍俊不禁。

我在审核本馆的数据时，总会发现一些让人笑岔气的错误。有回瞄了一眼序的著者，咦，白松龄？有点怪，对松龄这个名有印象，是满族人。好在要求序跋照录落款，望去，好么，竟然写着“某某道长白松龄”，依这著录，此人岂不是成了“某某道长”么？这衔头新鲜！还有一位，序的撰者填“农绳远”，稀罕姓，记一笔。不对啊，这落款是“补黄老农绳远”，照这位的做法，那撰者的别号不成了“补黄老”了，这啥意思呀？人家没署姓，就乱按上个姓，幸亏核了下。还有打错字的，这字误录的可笑程度，还与用的输入法有关。用拼音的，同音不同字，还能认得，那些用五笔输入的，错字可就千奇百怪，猜也猜不着，当然还有联想字，一不小心拖个字进来，“清康熙奶奶的刻本”，这种刻本是啥样的，真想见识下！

某些先人太喜欢卖弄了，给后人留下多少麻烦。有部书的序言，这字怎么看怎么怪，好多字认不得，真急人。啃呗，平心静气，边摹画边琢磨。忽然，脑中灵光一现，对了，这些字之所以不同寻常，原来是字中间加了东西，真正是画蛇添足！呼伙伴共赏，众人皆嗔“这人真会折腾”。同时大家饶有兴致地凑在一起，为每一个字的辨认热烈讨论，全文拿下，击掌共庆。

对于我来讲，印章的释读是个硬伤。虽然之前做过编目，但只注意重要收藏者的藏章。当一个接一个的印章出现，满眼都是不认得的字，心叹古人钱真多，置办那么多印章。好吧，总要认的。所幸当时有“老法师”在，他专攻古文字，人称“活字典”。果然学问了得，我等苦思不得的，老法师轻轻一点，且把来源交代清楚，每问一次，获益不小。只是受教前，得戴“白痴”帽子一顶，在他面前，我等实与白痴同一水平，但这都无所谓，能偷师学艺，才是根本。

提起印章，大概每个普查工作者均可以说上一段。姓名章犹可，这闲章内容千奇百怪，跟万花筒般。字貌似越怪越值钱，有左右上下颠倒，有缺胳膊少腿，有多添两笔，有变形扭曲，有共用部首等等，凡此种种，看着头都大了。那缪篆，眼睛都要看花的，其中的极品九叠篆，看一眼就丧失再看第二眼的勇气。印章闹的笑话一箩筐。把“文石太史”认成“天后大史”，自己都不敢相信，大有武侠小说中魔头的气势。还有“华面叟”，后来一查，是“华夏”，一位有名的藏书家，当时还猜“华”含义会不会是“白”，可“白面老头”,谁会这么自称啊？！也太有娱乐精神了吧！还有几个字都搞不清的，“徵物藏”，这也是认了半天的成果，不过心里觉得哪个地方不对劲。午饭时接着描，先认出了“游”，接着是“造”，再是“物”，用百度搜索了一下，“与造物游”跳了出来，原是四个字！经眼字数最多的一方章，竟将《陋室铭》全文纳入，且是白文的，字又小，线条又细，盖时印泥填入白线条，整个章红红一大块。但这章辨识时间倒不长，认出“山、高、水、不”等几个字，灵机一动，就猜是这篇。字多，猜出几个，网上搜索下，一句诗或词或文，可以检索出，最怕单字及两个字，无从联系，只得作罢。

普查不单让人长知识，更带来许多值得咀嚼的趣事，古籍工作者享有不为外人所知的幸福。我为书狂，

我为书歌，我为书舞！

作者简介：沈秋燕，女，46岁。嘉兴市图书馆副研究馆员。

有福读书

张　磊

作为一个爱读书的人，我是幸运的。

1982年，我进入天津图书馆工作，1990年调入古籍部，从此开始了与古籍文献的不解之缘。

一开始，我负责阅览工作。和人头攒动的新书阅览室不同，古籍的读者向来不多，加上当时借阅需要各种级别的证件、介绍信，阅览室里愈发冷冷清清。而我的主要任务就是抄写卡片，日复一日，简单乏味。好在我性格喜静，这样的工作也算乐于承受。后来被调去管理普通古籍书库，主要工作变成书卡相符，即将卡片上的著录事项与图书本身逐一核对。每天一个人抱着一盒目录钻进藏有一万多种古籍的书库中，工作仍觉简单乏味。直到很久以后，我才醒悟到当初这样的工作是一种多么必要的训练。

在我工作的书库的一角，有5排樟木书柜，总共125个，里面是周叔弢先生捐献的书籍。这些书就是周景良先生在《丁亥观书杂记》中谈到的那批够不上善本的一般书籍。1995 年，部门领导让我把这些书再整理一遍，做一个比较详细的著录。这是我第一次接触古籍编目。我在书库临窗的位置安放了一张小书桌，每天从书箱中取出一摞书，小心翼翼地仔细翻看，浓郁的樟木香气亦弥漫开来。虽然不是善本，但是纸墨、装帧的精良仍使我大开眼界。第一次见识了周先生与其他名家的藏印与题跋，第一次看到了名家写本，第一次看到钤印印谱，第一次见识了发笺、罗纹和开花纸，第一次分辨出“和刻本”……许多第一次都是在这次整理中发生的。可惜当时的自己是白纸一张，虽然与许多名家对面相逢，却因为不了解价值而错失良机，每每想起，至今仍是种种遗憾。周叔弢先生的精美藏书，让我对古籍产生了兴趣，使我初窥门径。

1999 年，国家图书馆举办“首届善本古籍版本学进修班”，由著名版本目录学家李致忠先生担任主讲。我很幸运地被天津图书馆选派参加。培训以每人一篇编目报告作为结业考核。我的编目书籍是宋元递修本两浙东路茶盐司刻《周易注疏》。这是我第一次看到宋版书，它虽然历经千余年，仍然纸墨精良，积累了历史的厚重却毫无历史的沧桑，当时深感震撼。这部书没有序文，卷末有陈鳣的跋尾一篇，如此一来，看得我是一头雾水，以我仅有的一点编目经验真是不知从哪下手。无奈之下，翻看李先生的《宋两浙东路茶盐司刻本〈周易注疏〉考辨》，沿着先生的考究路径，逐一探寻，叹服先生的广征博引。国家图书馆对这次培训非常重视，对一向管理严格的宋元版书，凭借我们的学员证就可以申请阅览，利用这种难得的便利，我查看了两浙东路茶盐司的另外两部刻本《礼记正义》和《尚书注疏》，从版式风格上与《周易注疏》比对，阅读李先生文章中提到的黄唐跋文，对版本查考途径有了一些了解，对李先生强调的“要培养一种以书籍本身为依据，综合其他相关材料详细考证的严谨的学术作风”亦终于体会。

为了适应网络技术的大环境，2002 年，天津图书馆开始了善本古籍数据库建设，我因为既了解传统编目，又熟悉规范著录而成为数据组组长。调入古籍部十多年，现在终于可以每天接触善本古籍了。一边著录，一边熟悉不同时代版本的特征、了解不同类别著作的体例特点，遇到问题，查资料、找依据、请教前辈，尝试着以文章的形式阐发自己的观点，尽管工作量大，我却乐此不疲。

这些年印象最深的，是这样一件事。有一天，来了一位清瘦的老人，带着两个大包袱。自报说是某大学退休教师，家里有一些书，经朋友介绍，想请我馆的研究馆员刘尚恒先生帮助鉴定。当时刘老师突发脑梗，我把这个情况向老先生讲明，看着老人失落的表情，我说：“您要是信得过，我先初步看看，确定不了的，等刘老师康复了再请他过目。”老人不太情愿地拿出四五包用纸包裹得严严实实的书，一层层打开，有两部以“寄傲山房塾课”冠名《幼学故事琼林》《礼记全文备旨》，铅印本《天演论》，民国刻佛经几折，大概六七种。我仔细阅读序跋、核查书目，给出鉴定结果。老先生对两部“寄傲山房塾课”的版本表示怀疑，特别是《礼记全文备旨》，认为是乾隆刻本，因为书前有乾隆年代序文。我对老先生讲明该序文不能作为版刻依据的理由，以及我定为清刻本的依据，老先生虽然表示感谢，但是我看得出他对此还是将信将疑。事后，我将几部书鉴定依据整理成文字邮寄给老先生，老先生终于认可了鉴定结果。原以为事情至此也就结束了。过了一段时间，忽然接到电话，是老先生打来的，说还有几部书，想请我看一看。这一次，老先生又带过来四五种古籍，交谈中，老人讲，自己快90岁了，想把家里藏的书整理一下。所以鉴定，不是为了钱，只是想知道书的价值，如果有价值就捐献给国家。一句话，令我肃然起敬。古籍是中国几千年文化的积淀，正是有了老先生这样爱书的人，中华文化才得以代代传承。

2007年，数据库工作已经进入尾声，可我却感到意犹未尽。恰好此时古籍普查工作开始了，我也因为十几年的工作积累，成为业务骨干。几年的紧张忙碌，如今《天津图书馆古籍普查登记目录》已经出版，这是我们这一代古籍守护者向社会交出的一份答卷。

不知不觉中，自己从事古籍工作已经20多年了，由一窍不通直至沉醉其中，这是古籍的魅力，亦是我的幸运。

作者简介：张磊，女，53岁。天津图书馆副研究馆员。

故纸堆里的温度

张美莺

从事古籍普查登记工作三年来，每天打交道的是冷冰冰的书库里味道杂陈的古籍。

福建省图书馆的馆藏古籍，前人已经整理过的部分约占三分之一，多为福建地方文献，文献信息相对完整，所以普查登记以校准和录入为主，而另外三分之二的待编古籍，从 1995 年搬馆至今，未曾整理。一打开橱窗，芸香、樟木香、樟脑丸（以前曾用），夹杂着密封许久的味道，扑面而来，还有四处飞舞的灰尘，总是唤起同事方君一连串的喷嚏。而我才翻数册书，手指头就黑了，戴上棉白手套吧，既不方便翻书页，又怕弄坏那薄薄的故纸，夏天倒也方便，冬天冰冷难耐，真是痛苦。后来终于想出一个办法，把手套的一节指尖剪掉，让手指露出来，既方便翻页，又能保护大部分手指干净，减少冷水洗手次数。因为古籍保护的特殊性要求，水杯不能放在触手可及的办公桌上，漂亮的水栽植物也需远离，于是只剩下一小盆浑身是刺的土栽仙人掌，躲在显示器后头。

在这样的环境中，我们入库取书、查找内容、断定版本、核对信息、登记录入、归库上架，日复一日。对古籍渐生熟稔，于是，从冷冰冰的馆藏物中触摸到了故纸里的温度。

普查工作之余，我们学会了欣赏古籍的版刻风格，对着《大威德陀罗尼经》，揣摩宋本的字大行疏，气象宏阔；以元本《揭曼硕诗集三卷》，验证着元本“黑口、赵字、无讳、多简”；拿着《婺贤文轨四卷》，体会“横轻竖重、方正仿宋”的“嘉靖体”……原来古书真是活的，它以自己的装帧形式、版刻风格、版刻内容等，向我们传递着众多信息。一册古籍，不知经过多少人之手，才能辗转落在我手心，若能开口，《重编红雨楼题跋》会给我们絮谈“书赛良药”的佳话；《小草斋钞本》会讲述谢肇淛“十指如椎冻不信，清霜初下写书频”的抄书精神；《课余续录》会赞赏谢章铤“与其私于己，不若公于人”的开明藏书态度；《竹间十日话》则会回忆流放新疆的林则徐“千卷束牛腰”的嗜书往事。每一种古籍，书里书外的旅途，和我们一样，应该也有很多风景。今天我们所看到的古籍如明清刻本或抄本，多是辗转几位，乃至十几位藏书家之手，甚至流入公藏才能传承下来。这些关于典籍的传承、保存、整理和传播的故事，使故纸有了温度，为民族留下了丰厚的精神财富和文化遗产。

于是，原来味道有些另类的古籍不再异味了，它也是有情感、有温度的，透过那一页页沧桑的故纸，我们好像穿越了数百年的时光，与古人面对面絮谈，进行心灵的交往。以明代闽县著名藏书家、文学家、书法家徐𤊹为例。虽然之前因论文对徐𤊹的众多相关资料作过梳理，但因徐的藏书、抄本、题跋无从一一亲眼看到，有些地方不免泛谈。而在实际普查工作中，接触徐𤊹曾经收藏过的书，批跋过的书，抄写的本子，才深刻理解到作为一介布衣，他博学工文，主盟诗词，坐拥书城，以书交友，是非常难得的。在《下雉纂》卷末书题“天启甲子孟秋抄藏绿玉山斋”。此本虽非书法作品，但毕竟是徐𤊹遗墨。卷前附有徐氏所题跋文一篇，书叶间还有徐𤊹所作的批跋与钤印。自明万历十三年（1585）始，徐𤊹对所藏所见，凡意有所得，便题端跋尾，以抒其见。翻阅徐𤊹的批校题跋，字里行间可以感受到徐𤊹对事物博学多识的认知，真性情的流露，批校的准确，题跋的用心精勤。这些跋文让我触及徐𤊹的心灵，领会“风流吐纳、居然名士”的精髓，是以朱彝尊评价其跋“典雅清稳，屏去粗浮浅俚之习”。是书钤印“徐兴公”“闽中徐惟起藏书印”外，还有“郑氏注韩居珍藏记”“大通楼藏书印”“龚少文收藏书画印”等，可见此书历经明徐𤊹、清代闽中著名藏书家郑杰及龚易图所递藏，最后存藏于福建省图书馆。

对于我们参加古籍普查工作的一线人员而言，数据做多了，经眼量上去了，自己的古籍知识、鉴赏水平也随之提高，与古籍的心灵距离也拉近了，当然，前提是耐得住寂寞与枯燥。同事方君花费两个月时间，才把《通志堂经解一百四十种》（存 84 种），总卷数 1860 卷（实存卷数 1013 卷）梳理清楚，这才著录了一条完整的普查数据。古籍普查登记工作需要静下心来，耐心地目验原书，逐册清点，完成一条又一条的普查数据，惟其如是，才能真正感受到古籍中书纸的质感、故纸堆里的温度。

我默默地祈祷：希望通过全国普查工作人员持续的努力，激活古籍的生命力，让书写在古籍中的文字活起来，借以阐扬优秀传统文化。

作者简介: 张美莺，女，39 岁。福建省图书馆馆员。

古籍印象四章

曾舒怡

古籍文献历经悠悠岁月，保存不易，价值珍贵。厦门市图书馆建馆九十年，古籍线装书作为馆藏的一部分，屡经前人整理保护，近年更选择地方古籍中较为珍稀独特的加以点校，重新出版，使古籍化身千百，方便利用。古籍价值得以最大限度地实现，可见图书馆对古籍的珍视。初到图书馆，我不料自己竟有幸走进典藏部古籍组，亲身接触各类古籍印本抄本，并参与古籍保管整理的日常工作。现撷取一些记忆中的片段，作为旧时痕迹。

一、绿植

为了点缀书库，我和红秋在大厅找到一盆绿色植物，枝叶匀称，大小适中，摆放在入门的小柜上，正好为厚重的书库添一缕鲜活的绿意。亚璇笑言：这正象征古籍组勃勃的生机。其后不时进库浇水，却发现它越长越“挺拔”，叶子鲜绿，仿若水葱，因为书库避光，不设窗户，它只有努力向上，靠近日光灯光源了。不禁怜惜。

二、辨印

我有幸去参加关于古籍编目的培训，因为珍本古籍大多累经名家递藏，鉴藏印对判定古籍真伪、推断流传次序、提高古籍价值有很大作用，因此辨读印章释文是编目要做的一件事。当时老师曾说治印是专门之学，博大精深。那时我对此并不在意。后来在参与古籍编目时不时碰到不认识的藏印，入印的多半是篆书，只能靠猜度，偶尔有中。现在多半是先辨识部首，然后顺着部首一边比对一边依次往下翻篆刻字典，往往有收获。因此对《说文解字》的部首体系较为熟悉，然而比起同事李跃忠从一本书上准确辨出“西山先生”的藏印，并由此得出此书曾经吕世宜收藏这样清晰的结论，尚有不小距离。如《李氏焚书》上钤“文璧”“紫云屏里人白云楼散吏”一类的闲章，印主身份就显得扑朔迷离。又如一书钤有“曾在李鹿山处”朱文印，此印主人通脱，将书籍聚散看作平常事，与其他藏书家不同，因而此印大为有名，很快便查到印主为福建著名藏书家李馥，但它的印文与网上流传的印文有差别，从刀法、章法上辨印非我所能，此印真伪存疑，只能寄望于能从历代藏书印印谱中觅到它的芳踪。

每一个藏书印的背后都有一种心情，如“紫云屏里人白云楼散吏”的谦退，如“识者宝之”的郑重，岁月悠悠辗转，许多年后看到这个印，唤醒的自然是一段故事。

三、版刻

雕版印刷由唐宋而及明清，大量的古籍经由这种古老的方式生产出来。但如今已很难见到雕版实物，只有一些村落还保存着重修印刷家谱所用的整套活字，令人惊叹。入了古籍组，对于古籍有直观的认识，不禁执着于皮相。王国维曾说“一代有一代之文学”，换而言之，也可说一代有一代之版刻，曾有人启发我：“这本书避‘宁’字讳，版本年代应在清道光、咸丰间，因为版刻风格如此。”当时茫然不解，后来才知这样的判断建立在经验累积、时代把握上，因为嘉道以降，国力日蹙，因此版刻虽继承前代，但缺少堂皇的气象，字体为仿宋字而刀法呆板。又加上省纸，开本不像前代那么宏大。

版刻风格只能大体推断，实例为朱墨套印本《李氏焚书》，许建平老师帮我们鉴定时说此版有明刻风格，红秋说此书字体为仿宋但更为狭长，确实有明末风气。后来我在网上偶然看到明代闵齐伋朱墨套印本的书影，才发现它的版刻风格与《李氏焚书》如出一辙。而后在《中华印刷通史》上找到的相关论述验证了我对这本书的看法："凌闵两家刻书版式基本相同：四周单边，中间没有界行，大都为半叶八行十八字、十九字，或半叶九行十九字，间或有九行十八字、八行十七字、十九字。正文以仿宋印刷体，注释、批语多用手写体，版面清晰、爽洁、疏朗悦目。"与《李氏焚书》实物吻合。

其后在参与古籍回溯时遇到蓝鼎元《鹿洲全集》，开本阔大，纸新墨软，查避讳，不避乾隆帝庙讳，兴奋的我们以为发现了善本，然后再考察：这套书并不是单刻本，而是丛书，其中第一种《鹿洲初集》前有清光绪五年蓝氏后人增修补刻的序言，应为清雍正十年刻清光绪五年增修本，遂推翻以前看法。后经过红秋的仔细比对，此版于笔画走势等细微处与另一种本子不同，有仿刻痕迹，又参考序言说法，此书部分书叶是用雍正时版片重新刷印而成，全书版刻风格肖似原版，如果增修序缺失，大概难以判别。所以版刻风格也要仔细甄别，至于修炼到从纸张到墨色，从避讳到版刻，都成证据，非有数十年功力不可。

刻印精良的本子，多半开本疏朗，字迹俊秀，如欧体之瘦劲秀丽，柳体之挺拔，赵体之软媚，各臻其妙。执着于皮相的我，不免多加宝爱。

四、夜归

犹记得当时因为申报名录时间迫近，大家一起加班，给古籍定损，头顶青白的灯光，窗外浓黑的夜幕，我们安安静静地将古籍逐叶翻过，何者为水渍、何者为虫蛀、何者为霉蚀，一一登记，看古籍如何从纸软墨新变成脆黄。围坐在一起共进晚餐，大家议论着如果拥有一套元版古籍稀世珍宝，舍不舍得无偿捐献，随后又对前辈藏书家高风亮节、大公无私之举钦佩不已，说着顺便将醋熘土豆丝和西红柿炒蛋分而食之。一起走过石板小路，然后在天桥边挥手告别，等各自的公交车姗姗来迟。

倏忽二年，以上仅举印象鲜明的四则，记录这段我与古籍相伴的日子。断简残编，足见古籍之珍贵、工作之发展，但古籍工作包罗万象，于自身而言，还有许多地方要探索学习，可以说，这仅仅是一个开始。

作者简介: 曾舒怡，女，29 岁。厦门市图书馆馆员。

海外求书二十年

——国内失传珍稀中医古籍调研回归之路

郑金生

很早听说过“礼失求诸野”，却不知古籍佚失也可求诸邻！1978年我转攻医史研究之后，才知道早在公元1092年，北宋政府就从高丽迎回了国内失传的《黄帝针经》（《灵枢经》）等珍贵古医籍。日本明治维新时，“旧学”遭贬，汉医浸废，许多珍稀汉医籍也遭冷落流散于市。其时在日本的杨守敬等有识之士借机搜罗回归了大批古汉籍，里面就有很多医书。

1987年我赴日本参加学术会议，会上挚友真柳诚先生展示了刚整理毕的《小品方》卷子本。此书是南北朝医学名著，在唐代曾与《伤寒论》齐名，不曾想失传千余年竟在日本发现残卷！真柳先生还告诉我，1972年，伦敦图书馆注销处理一批“旧书”，其中竟有国人没听说过的明《本草品汇精要》清摹绘全本。此书被识宝的日本医家大冢恭男先生“捡漏”，才免于再度失传！这时我才知道至今还有许多珍稀古医籍流落海外，应该赶紧抢救回归。但那时咱们国家刚结束“文革”不久，回归流落海外的古医籍，还只能是存在心中的一个梦！

1995 年，时在日本研修的同行友人王铁策教授提出设想：开展调查并复制回归日本现存中国散佚古医籍课题的设想。这一设想得到日本医史学家真柳诚教授的大力支持。他俩来到中国与马继兴教授及我共商此回归大业，大家一拍即合，说干就干！马教授是中医文献学泰斗，我的导师，他关注流散海外古医籍已经数十年。我时任医史所所长，有责任、也有条件负责组织这样的大课题。但从哪里寻得经费？又如何在海外开展调研并复制古医籍？谁也没有经验！

万事开头难，难不倒有心人！第二年，我们先从日本国际交流基金亚洲中心获得了第一笔资助，当年就从日本复制回了 30 种国内失传的古医籍。我们采取回归一批、研究一批、及时公布一批研究成果的办法，借助媒体报道，很快在业内造成了影响。1997 年国家中医药管理局将我们的课题列入重点支持项目，使我们底气更足，士气更旺。这一年我卸下了所长一职，全身心投入了这项工作。

随着课题的深入开展，难度也逐渐加大。没有人能告诉你哪些古医籍需要复制回归。要想用有限的经费复制更多的珍稀古医籍，就必须选准书种。虽然我们都是从事医史研究多年的学者，但平时积累毕竟有限。当最初的几十种失传古医籍复制回归之后，接下来就必须在日本开展更进一步的调查。上百家图书馆的馆藏书目，数千种古医籍，必须一种一种与国内书目对比、考查。枯燥单调的核查，极需耐心和定力。光查书目还不够，对著录欠明的古籍，必须亲自考察原书。1999 年，在日本学术振兴会的资助下，我赴日本工作了 10 个月，得以走访日本收藏中医古籍较多的十几家公、私图书馆，仅在日本内阁文库就逗留了大约 4 个月。那段时间，每日早出晚归，手不释卷，写下的古医籍经眼录就有 40 余万字，解决了很多学术疑难问题。终日里手抚先人手泽，看着前人、有的甚至是李时珍也未曾见过的珍稀古医籍，想到它们将很快回归故里再度问世，心中那份愉悦真是难以言表。到 20 世纪末，日本所藏古医籍调研全部完成，为此后陆续复制回归奠定了基础。

从事古医籍调研与回归当然需要经费，但与其他行业相比，咱属于“给点阳光就灿烂”的类型，投入少，见效快。2000 年以后，国家科技部首次提供科技基础性工作专项资助，帮助我们从日本复制回归了 400 多种古医籍，基本完成了日本调研与复制回归的任务。但海外古医籍回归的梦到此还没有圆！国家科技部此后又陆续给予资助，使我们“得陇望蜀”，把目光转向了欧美，开展更大范围的古医籍调研与回归。

最近十几年，我们把主要精力放在流失欧美的中医古籍调查、回归，以及整理出版业已回归的古医籍方面。欧美收藏的中医古籍数量少，藏馆分散，缺乏现成书目可查，比在日本调研的难度更大，颇似沙里淘金。若因袭日本调研模式，必然会投入多、见效少，想全靠国家支持是不现实的。为了不留遗珠之憾，我们得另辟蹊径。好在德国文树德（Paul U.Unschuld）教授多次邀请我参与他组织的中医文献研究课题，使我在德国有了立足点。借助多年学术交往建立的人脉网，我先逐步了解欧洲各国的收藏情况，发现线索，立刻前去考察。依靠互助共赢、细水长流的工作方式，我们得以完成对德、法、意、英、俄、梵蒂冈等十几个国家的初步调研，并逐书考察了德国藏的800多种中医抄本（已由莱顿出版社出版了英文书目），并回归了数十种国内失传的古旧医籍。

在海外调研的同时，我们团队的成员配合默契，同步开展回归古医籍的整理出版工作。中医古籍既是历史文献，又是应用文献，将回归古医籍影印或校点出版，供中医界使用，才是我们的终极目的。近20年间，我们已整理出版了5套丛书（含子书130种）。我主编的《海外回归中医善本丛书》出版后，当年即予重印，可见很受读者欢迎。当今国内中医文献相关课题越来越多地使用海外回归的古医籍，这令我感到十分欣慰。但我仍不满足，我与团队成员正努力在近期内将复制回归的古医籍（440 多种 11 万余叶）全部影印出版。

人生难得几次搏。为圆古医籍回归之梦，花 20 年太值！我今年近古稀，只要一息尚存，古医籍的整理研究将始终伴随着我。

作者简介：郑金生，男，69 岁。曾任中国中医科学院中国医史文献研究所所长。

我写伯克莱加州大学善本书志

陈先行

2003 年 3 月，应美国伯克莱加州大学东亚图书馆之邀，我与同事郭立暄前往访问，为该馆撰写中文古籍善本书志。光阴似箭，倏忽已逾十年，虽垂垂老矣，仍觉得曩昔的志趣尚未泯没，工作热情犹不时涌起。

记得 2001 年出席台湾汉学研究中心举办的古籍联合编目会议期间，同时有几家中国大陆外的图书馆邀我主持编制馆藏古籍目录，其中最为迫切的是香港中文大学图书馆，因负责此事的馆长高级助理郭李锦桂女士行将退休移居美国，希望我在她离开香港之前能到中大工作。会后不数日，她便将赴港调研费用汇至上图。结果我却选择了伯克莱加大，因其藏书更具吸引力。不意未及向锦桂大姐解释致歉，她已赴美国，旋即被伯克莱加大东亚馆聘为技术部主任，参与编撰善本书志的管理工作，我们竟然有幸在美国成为同事，并受到她的悉心照顾。如此巧合，端由中华古籍之魅力所致，彼此见面，不禁啧啧称奇。

在长期从事图书馆古籍编目的实践中我认识到，以前的公、私目录虽各有特点与成就，但也留存了不少版本鉴定著录方面的问题。比如历来为人所重的宋元本，囿于客观条件，依然有鉴定失当之处；对明清版本研究，过去多所忽略，问题更加复杂。而鉴定考订版本、揭示版本源流与相互间的关系，单凭编制简目或有所不及。因此 20 世纪 90 年代末我在担任上图古籍部主任时，曾启动撰写上图善本书志项目，希冀编制一部有质量、有特点的版本目录。可惜受人力、物力及主客观理念差异之限制，工作开展不久便告辍。然而，撰写伯克莱加大善本书志却具有可行性：作为美国西岸最大的东亚图书馆，其所藏中国古籍善本颇具特色；数量不大，无需投入很多人力；在经费与时间上能得到一定保证。为了使工作顺利进行，我提出不以个人名义承担此项目，而是中美两家图书馆的合作。因为该书之撰写须以上图乃至中国内地其他馆藏资源为依托，个人力不能及；何况我一向以为，离开上图，个人成就无从谈起。

赴美之前，我依据对方提供的馆藏中西文书籍综合目录，编制出两种中文古籍草目，一是囊括馆藏近 4000 种古籍的总目；另一是从该总目中遴选出近千种为善本目录，亦即撰写书志的基本目录。随后利用上图馆藏相关版本，先写就若干初稿。可是到了那里不久发现，该馆的综合目录并未反映全部馆藏，甚至善本书库中的有些书居然也无案可查，财产不清；原来的版本著录则问题多多。于是我们索性弃置原先编就的草目，对书库的每个书架、每部书从头至尾逐一查核，不使漏略。历经数月，不仅摸清了该馆善本的家底，纠正了不少重要版本的著录错误（如旧藏嘉业堂的数十种书，原依据《嘉业堂藏书志》与《嘉业堂善本书影》，误将5种元本作宋本、9种明本作元本），同时又新发现了钱谦益手稿《大佛顶首楞严经疏解蒙钞》，翁方纲手稿《易附记》《书附记》《诗附记》《礼记附记》《春秋附记》等一批珍贵要籍，令人喜不自胜。但这种清查工作挤去了撰写书志的宝贵时间，而项目经费有限，不可能长期留美，于是在该馆的支持下，复制了大量书影携回上海，直至2005年方完稿付梓。

这部书志之编纂，不是从目录到目录，也不是以一家之藏与别家的书目校核，而是强调相关版本的原书比对。每种书志之撰写，不简单采用抄写著者小传、内容提要，然后罗列一批不明内在联系的版本便了事的这种“八股”之法，而是因书制宜，以鉴定版本考订源流为主旨，以分清原刻抑或翻刻、初印抑或后印之版本面貌为要务。这样做，就必须不惮烦难，四处访书检本，客观上对我国内地多家图书馆同时进行了原书调查。因此，该项工作的意义及功用实际上超出了伯克莱加大东亚图书馆的范围。举例而言，我们对上图相关版本的利用最为充分，因而亦纠正了一些上图原来的著录错误，可谓一举两得。

此书出版后，得到高校古委会主任安平秋先生的认可，称其为古委会的海外宋元版调查工作提供了有用信息；其他专家学者如杨成凯、李庆先生等分别撰文，对该书于版本目录学之实践与创获表示肯定，使我们深受鼓舞。随即，上海古籍出版社相继影印出版了被我们发掘而出的名家稿抄校本；中华书局近期亦有影印出版该馆宋元本之规划，这无疑也是撰写书志结出的果实。更实在的是，通过撰写这部善本书志，我们增长了见识，丰富了经验，提高了能力，这的确是一条培养图书馆古籍整理人才很有效的途径。

今欣闻国家古籍保护中心有海外古籍调查之举，借此机会斗胆建言：调查不能唯现成书目是据，要力求到藏书地核对原书（何况许多书未见诸目录，许多单位未曾编过书目）；调查工作不必也不可能全面铺开，拟有所选择，分批、分点循序渐进；在暂时无条件求全的情况下，可先以善本为重点，尤其要关注我国内地失传的版本；基于目前高校、出版系统皆有海外古籍调查举措，而人力、财力毕竟有限，如国家古籍保护中心能与之联手形成合力，或可收事半功倍之效；调查工作应以中青年专业人员为主。“中华古籍保护计划”实施七年以来，各地涌现出不少有责任感、使命感的青年才俊，要为他们创造机会并给予充分信任，从而形成一支领军队伍，使古籍保护事业得以持续健康发展。

作者简介：陈先行，男，64岁。上海图书馆研究馆员。

法国藏碑帖拓本整理编目回忆

施安昌

我在故宫博物院供职30多年，曾在马子云先生指导下，做碑帖整理和研究工作。后来也多次到国内外其他单位协助整理碑帖。下边就谈谈法藏碑帖编目工作。

一

这里谈的碑帖是指从古代碑帖刻石上捶拓下来的拓本。碑帖拓本在国内外许多图书馆、博物馆和私人手中都有收藏。整理碑帖，就是弄清每种碑帖的名称、年代、大概内容、撰文和书写的人；还要了解它的版本，即是出于原来刻石还是翻刻，拓的时代及流传情况（据题跋、印鉴）等等。知道了这些，便能编目和著录，并分辨其价值高低。

自1992年起，应法国国家科学研究中心敦煌写本研究组邀请，我得到法国外交部外国专家局资助，参加了法藏中国碑帖整理编目项目。项目负责人为著名汉学家戴仁先生（Jean-Pierre Drége，法国高等研究实验学院教授，敦煌写本研究组主任，法兰西学院汉学研究所所长，法兰西远东学院院长），参加编目的还有 Richard Schneider、Michela Bussotti、Alain Thote 诸位汉学家。

该项目涉及的收藏拓本单位有四个，即亚洲学会、吉美博物馆（国立亚洲艺术馆）、法兰西学院汉学研究所、法国远东学院。到 2006 年，我们将这些单位所藏全部拓本编目（约 7000 件），形成了电子目录，并且请摄影师将其中一部分比较重要的拓本拍了照片。

拓本都是 19 世纪末和 20 世纪早期来华的法国学者购买、访拓和接受朋友馈赠带出去的。这里简单介绍一下相关的搜集者与研究者。

二

爱德华·沙畹（Edouard Chavannes，1865—1918），曾在法国驻华公使馆供职三年，后担任法兰西学院教授与汉学教席，在汉学、历史学、文学和碑铭学方面都成就卓越。当他回国后，仍继续不断地向在华居住者和旅行者征购碑帖。沙畹关于石刻的著述是大量的，如《秦代的碑铭》（1893）、《两汉时期的石刻》（专著，包括对武梁祠碑刻和画像石室的研究，1893）、《居庸关刻石的初步考释》（与 S.Lévi 列维合写，1984）、《景教与哈喇和林回鹘遗址上的中国碑刻》（1897，包括唐代《九姓回鹘可汗碑》《阙特勤碑》《苾伽可汗碑》，均突厥、汉文双语）、《印度的王玄策刻石》（1900），《元朝汉文碑铭与告示》（1904）、《石刻〈道德经〉——林桑发表的拓本》（1905）、《云南的四种刻石》（1909）、《汉画像石辨伪》（1913）、《华北考古记》（专著，1915）等。1898—1900 年，外交官沙勒埃德·邦尼（Charles-Eudes Bonin）出使东方带回一批敦煌、库车、河西其他地区和中亚国家的碑刻，沙畹对其中十种碑文加以翻译、考释（其中包括唐《李府君修功德碑》、唐《陇西李氏再修功德记》、元代《莫高窟六字真言偈》、元代《重修皇庆寺记》等）。不难看出沙氏之研究十分广泛，且具开拓性。

亨利·奥龙（Henri d'Ollone），在 1906 年曾率旅行团到达云南、贵州、四川、青海、甘肃、山西、蒙古诸省，其间雇工传拓了大量碑刻，不少涉及各个民族的历史文化。

伯希和（Paul Pelliot，1878—1945），是继他的老师沙畹之后最杰出的汉学家和东方学家。他曾多次来中国，获得大量碑帖拓本。在其多领域研究中，许多资料取自碑版。他关于《景教流行中国碑》的专著是十分权威的。他与中国文化界有广泛交往，这也是他所藏碑拓的重要来源。

维克多·谢阁兰（Victor Segalen，1878—1919），海军医生和诗人、艺术家，也是沙畹的学生。他在1909年和1914年曾两度到中国作长途游历，曾到北京、洛阳、山西、陕西、甘肃、四川、云南、广西、广东、香港等地，搜集拓本颇多，回国后还写了《宏伟的中国石雕》《汉代的墓葬艺术》和《中国西部考古记》等专著。他的诗集《碑》，1912年于北京首次出版。

莫里斯·古恒（Maurice Courant，1865—1935），1890年任使馆翻译，外交官，1898年将《高丽好大王碑》译成法文，著有《北京朝廷》（1891）、《在中国：风俗习惯与制度，人和事》（1901）。

除此之外，还有罗伯特·赫杜（Robert des Rotours，1891—1980）、戴密微（Paul Demieville，1894—1979）等学者，他们所得碑帖现在都保存在上述四个单位中。

三

这一大批拓本在巴黎已有80年或更长的时间了。吉美博物馆的拓本都经过托裱，整幅平放在特制的大柜橱内，抽屉间距较密。远东学院的拓本每件折叠后盛纸袋中，许多纸袋又合装在厚布袋里，袋口扎紧。其他两处的拓本都折叠装匣后按序号排放在书架上，与其他藏书同置于书库中。无论哪种情况，展开拓本时都很清洁，没有霉迹、水渍、虫食和鼠啮。这有赖于气候环境的适宜，更有赖于几代管理人员的呵护。两次世界大战的灾难也未对它们造成损坏。

法藏碑帖在时代和内容上涵盖甚广。上自周秦石鼓、秦李斯刻石，下及明、清碑版。曲阜孔庙、泰安岱庙、云峰山摩崖、龙门石窟、嵩阳石刻、响堂山石刻、西安碑林、昭陵石刻、汉中摩崖，凡古刻聚集之地，碑估拓售，囊括几尽。嘉祥武氏祠、南阳汉画像皆数量可观。非汉语铭刻是又一注意点，如突厥文、回鹘文、藏文、梵文、叙利亚文、西夏文、契丹文、阿拉伯文、八思巴文、蒙古文、满文、拉丁文等都可以看到。这些“胡语”刻石在前人著录中则往往阙如，在国内相关单位收藏较少。

沙畹建立的对中国古代碑铭的研究方向，激发出对拓本搜集、关注的兴趣，以及到中国旅行考古、访碑传拓活动，这在沙畹的朋友和弟子当中是十分热衷的事情。但是在第一次世界大战爆发以后，这个势头就中断了。这一点，回顾欧洲汉学发展历史可以明显地看出来。尽管如此，尔后的汉学著述中仍能不时地见到有关碑文的采用和阐释，如在敦煌文献的研究中。

我们的编目是按照藏品存放的不同地点进行的。吉美博物馆和远东学院的编目是分别在这两处做的。亚洲学会和法兰西学院汉学研究所的拓本都存放于巴黎的 52，rue du Cardinal Lemoine 的书库里。敦煌写本研究组办公室设在同一座楼的四层，拓本编目工作就在此办公室进行。二层楼是法兰西汉学院图书馆，里边石刻类图书相当齐全，为我们查阅相关文献提供了便利。我前后六次赴法，曾在巴黎大学高等实验学院和敦煌研究组讲学。

后来法方陆续刻制了五张光碟，供学界利用。包含编出的大部分目录（法文）及部分拓本影像。整个项目持续多年，但一直有计划、有秩序地进行着。我也一直受到合作者和敦煌写本研究组的朋友们的友好接待和关心。我们共同做了一件有始有终有成效的事情。

一般认为，欧洲的汉学研究发轫于 16 世纪末，即以各国向中国派遣耶稣会传教士为契机。到 19 世纪上半叶，法国大学里便出现了以汉学为内容的教学课程，比英国、荷兰、德国和俄国都要早。如 1814 年，法兰西学院创设了“中国汉语、鞑靼语和满语语言和文学讲座”。1843 年，国立东方现代语言学院开设中文课程培养翻译人员，又最早创立了国际汉学刊物《通报》和《亚细亚学报》等。纵观海外汉学的创立和发展，法国一直占据着非常重要的地位，其学术成果浸透着严谨的法兰西人文主义精神。上述 19 世纪末期至 20 世纪前期汉学家对中国碑刻的考察和研究仅仅是一个缩影。

四

我的业师马子云先生（1903—1986）是著名金石学家，并精于传拓。20 世纪 30 年代，马先生曾只身裹粮入关中至咸阳访查茂陵，半月间风餐露宿，拓得西汉霍去病墓前大石雕 11 幅。当时拓三份，经文物店陆续售出。后来知道国家图书馆藏有一份。2000 年我在巴黎法兰西远东学院做拓本编目，出乎意料地发现了又一份大石雕拓本，每张上钤有“郃阳马子云手拓”印章，遂喜出望外。当《马踏匈奴》《怪兽食羊》《人熊搏斗》《象》《虎》《牛》《马》《猪》等一幅幅拓片从布袋里取出展开时，周围的学者们都惊叹不已。

在做法藏汉文碑帖拓本的过程中，我还意外地有所收获，如对中国中古时代祆教艺术的认识就是一例。20 世纪 20 年代洛阳出土的《冯邕妻元氏墓志》《苟景墓志》等一批北魏晚期墓志，志石上的线刻纹饰十分奇特，如有火坛、半人半鸟和半兽半鸟的神、肩上冒着火焰的神，等等。这一现象引起学者的很大兴趣和不同思索。直觉告诉我：它们可能和域外某种文化艺术有关系。

我开始留意外国的古迹和文物。1994年，我从《波斯的圣地》（柳宗玄主编，井上靖、林良一撰文）一书上看到阿契美尼德国王的十字形崖墓，雕饰奇伟。陵墓雕刻火坛、带翼的日环，当中是主神阿胡拉·马兹达（Ahura Mazda）像。还有萨珊钱币纹样也是火坛，两旁有祭司或神祇，那时拜火教是波斯的国教。我立即联想到北魏墓志上火坛和肩后冒火的神像、半人半鸟的神像，联想到陈垣先生的名文《火祆教入中国考》，产生了一个假设：墓主人也许信仰火祆教。这个假设就成为我后来研究的方向。直到1997年以后，我陆续写出了《北魏冯邕妻元氏墓志纹饰考》《北魏苟景墓志及其纹饰考》《北齐粟特贵族墓石刻考》《祆教礼仪所用植物考》《南朝梁肖宏墓碑考》等文章阐述了如下结论：随着拜火教从西亚、中亚传入中国，祆教艺术也在中国形成。

这个研究阶段，正是我参加法藏碑帖编目之时。工作之余，最有兴趣的是参观博物馆、美术馆。卢浮宫的美索不达米亚和古代伊朗部分有十几个厅，从巨大的石刻、建筑部件到微小的金属器物、工艺饰件，琳琅满目。在周末和夜晚徜徉其间，细细观看、记录、摹绘，游目骋怀，乐而忘返。那里成为我的难忘的课堂。

每当回忆起在巴黎工作的岁月，我就有个想法：假如法国对中国碑帖的研究没有被世界大战打断，那么势必有很大的发展。然而，历史是只能回顾而无法假设的。

作者简介：施安昌，男，70岁。故宫博物院研究馆员。

我的“敦煌梦”

——从敦煌特展说起

杨光辉

辛未年早春二月，为教育部“万人计划”，我赴香港大学访问，期待港大与复旦两校合作举办“中华藏书文化与古籍保护培训班”。期间意外发现，位于沙田公园边上的香港文化博物馆，正在展出由香港赛马会发起、香港特区政府与敦煌研究院联合主办的特展“敦煌——说不完的故事”。

我怀着憧憬前去参观，展览果然令人惊喜。不仅见到了莫高窟最早洞窟之一的北凉时期的第 275 窟，而且见到了莫高窟最大的形体优美、神态安详的涅槃像以及佛法无边的千手千眼观音壁画；不仅见到了著名的元代六字真言碑——汉、梵、藏、西夏、回鹘、八思巴文六种文字的“唵 嘛 呢 叭 咪 吽”石刻，而且见到了西夏文《妙法莲华经》乃至叙利亚文的《圣经》……思绪不由得回到了 30 多年前。

20 世纪 80 年代，是我热血的中学时代。历史课上，当老师提到日本敦煌学者藤枝晃教授“敦煌在中国，敦煌学在日本（京都）”的说法时，我不禁热血沸腾，激发出“为敦煌学的崛起而奋斗”的雄心壮志，开始了解西北甘肃的敦煌莫高窟，对神秘的千佛洞、美丽的月牙泉、最早的雕版印刷品——公元 868 年的《金刚经》，产生了许多遐想，渴望着去大英图书馆一睹稀世珍宝。考大学时本想读历史系从事敦煌学研究，可惜阴差阳错读了中文系，在体味“大漠孤烟直，长河落日圆”的塞外风光以及“西出阳关无故人”的异乡感喟之余，更多的是对沙漠深处敦煌丝路上千年驼铃的向往。

到了 90 年代，我从华东师大古籍整理研究所研究生毕业，进入复旦大学图书馆，正式从事古籍编目与整理工作，对古籍版本有了更多的了解，对敦煌藏经有了更多的期待。复旦图书馆藏有两部王重民的《巴黎敦煌残卷叙录》（第一、二辑），其中一部有王氏签名，是送给赵景深先生的，赵先生的书后由家属捐献，成了复旦大学古籍所与图书馆共同拥有的“赵景深藏书”。王先生的书，记录了法国国家图书馆藏由伯希和巧取豪夺的敦煌宝藏。

从此，逐步了解到更多的敦煌藏经洞的故事：知道了俄国人奥勃鲁切夫（F.A.Obruchev），居然堂而皇之地以六包劣质石蜡从藏经洞发现者王道士手中“买”走两包敦煌写本；知道了瑞典人斯文·赫定（Sven Hedin）、英国人斯坦因（Stein）、法国人伯希和（Pelliot）、俄国人奥登堡（Ольденбург），他们将晚清积贫积弱的中国敦煌变成国际探险家的乐园；知道了日本的大谷探险队，他们以探险为名，大肆劫掠、破坏中华千年文物；知道了罗振玉、张大千、于右任以及王重民、常书鸿，他们对敦煌倾注了大量心血，为保护、弘扬中国的敦煌学做出了重要贡献。

1999 年参加国家图书馆培训班，知道了国图的“四大镇馆之宝”之首就是敦煌藏经，可惜一直没有机会亲手触摸体验。

首次触摸到敦煌藏经，已经是 2003 年了。那一年我到哈佛大学燕京图书馆做博士后，对著名汉学家韩南先生捐赠给燕京图书馆的小说、宝卷进行分类编目。正是在燕京图书馆，见到了那曾经梦牵魂绕的敦煌藏经，捧起夹在透明的防酸薄膜里的残卷，那泛黄而残破的藏经纸片，已拼不成完整的经叶，令人伤感不已。

到了 2005 年暑期，跟随上海市教育工会组织的暑假休养团，终于来到了向往已久的敦煌。当我来到嘉峪关外，登上古长城遗址，遥望那寸草不生、嶙峋险峻的戈壁滩，一股天地悠悠、怆然涕下的感觉油然而生；当我骑在凹凸不平、起伏不停的驼背上，来到晨曦初露的月牙泉边，站在金黄的沙漠上，见到绿色弥漫一片绿洲，仿佛一道人类的文明之光闪过，不由自主地感叹大自然的奇异与伟大；当我终于来到梦寐以求的敦煌鸣沙山，来到20世纪初王道士发现的藏经洞前，看到饱经风霜、空空如也的洞穴，怎么也难以相信：那儿曾经是震惊世界的敦煌藏经的栖息地。摩肩接踵的游客，亦使人对遗留至今的洞穴未来的命运产生深深的忧虑。

敦煌的传说继续着，藏经的故事传播着。原北大图书馆资深研究馆员、现复旦大学中华古籍保护研究院特聘教授沈乃文先生曾说过这样一件逸事，有人拿了一个卷子来，说是著名的收藏家李盛铎当年藏过的敦煌写经，希望北大图书馆收购保藏。他们不放心，就将部分残片送到美国的纸张鉴定中心，测试结果是纸张年代不超过一百年，所谓的敦煌卷子自然只能是伪造的。在文物造假兴盛的年代，古籍鉴定包括敦煌藏经的鉴定面临巨大的挑战，一般古籍从业人员很难看到藏经原件，研究更是无从说起，如何培养古籍保护与鉴定人才，是一项紧迫而又艰巨的任务。

好在由中、英、法、德、俄、韩、日等多国参与的国际敦煌学合作项目（The International Dunhuang Project，简称IDP）正在大力推进，作为一个开创性的国际协作项目，目的是让敦煌与丝绸之路上考古遗址中出土的写本、绘画、纺织品及其他艺术品的图像上网，全世界的爱好者能通过互联网自由获取。截至今年4月19日，上网图像已达453698幅。同时，“莫高窟数字展示中心球幕影院”作为世界首个由文物保护单位建设的高清球幕影院，亦为传播敦煌文化提供了一流的服务。

日前德国汉堡大学著名的国际汉学家傅敏怡（Michael Friedrich）先生来复旦大学访问，介绍了汉堡大学几年来对写本文献的鉴定测试，复旦大学中华古籍保护研究院亦在建设“古籍保护基础技术科学实验室”，希望通过国际合作，通过科学的实验测试，建成中华古籍包括敦煌文献在内的基本信息数据库，为古籍保护提供有效的科学数据；更希望“敦煌在中国，敦煌研究在外国”的窘境不再重现。

作者简介：杨光辉，男，47岁。复旦大学图书馆副馆长，中华古籍保护研究院常务副院长，研究馆员。

我在美国德州大学学习古籍修复

林　明

中山大学图书馆历史悠久，馆藏富甲南国，古籍和民国馆藏尤富特色。2001年，在美国岭南基金会等的支持下，中山大学图书馆启动了馆藏古籍保护计划。作为该计划的一部分，图书馆派我到美国德州大学奥斯汀分校信息学院文献保护与修复研究中心（Preservation and Conservation Studies，School of Information，The University of Texas at Austin）进修学习文献保护与修复技术。

德州大学奥斯汀分校是美国最好的公立大学之一。其文献保护与修复专业源于1981年创办的美国哥伦比亚大学图书馆服务学院文献保护与修复项目，创办人是保罗·班克斯（Paul N.Banks，1934—2000）。保罗自1964年起在芝加哥纽伯利图书馆（Newberry Library）从事文献保护与修复工作，于1971年创建纽伯利图书馆文献修复实验室并担任主任。同年，他在伊利诺伊大学（University of Illinois at Urbana-Champaign）的图书馆暨信息学研究生院讲授了全美第一堂概论性的文献保护课程。此后的十年时间里，许多图书馆学院校开始教授概论性的文献保护课程，广泛开展了修复培训工作坊、研讨会等实践。1978年，由国家人文基金会（National Endowment for the Humanities）资助，哥伦比亚大学图书馆服务学院举办了一个为期四周的讲习班，对富有经验的图书馆员进行培训，以帮助他们更好地制定和管理图书馆的文献保护项目。保罗作为培训项目的带头人，改进了图书修复流程，培养了一批从事文献修复的专业馆员，还发表了大量文献保护与修复技术和教育方面的论文。在1969年美国文物保护协会（The American Institute for Conservation of Historic & Artistic Works，简称AIC）年会上，他发表了年会历史上第一篇有关图书修复的论文。1978—1980年，保罗担任AIC的主席。这是AIC历史上第一个职业图书修复师出身的主席。

1981年，保罗离开纽伯利图书馆，赴哥伦比亚大学图书馆服务学院，在那里创办了美国第一个授予硕士学位（或专业证书）的图书馆文献保护与修复专业，开创了美国图书馆文献保护与修复专业教育的先河。哥伦比亚大学文献保护与修复专业采用的是一个全新的、扩展的文献保护概念。以往的文献保护常被理解为就是文献修复，相应的，文献保护教育也就只限于以师带徒的方式培养文献修复手工艺者，传授的内容停留在技术层面，侧重介绍以书籍为主的文献修复和装订方法，对实践经验的总结缺乏理论高度，较为简单。保罗从文献保护工作变化及文献保护人员角色定位的角度提升了文献保护教育的目标。

稍后的1983年，在书籍艺术出版社（Book Arts Press，简称BAP）的支持下，Terry Belanger先生在哥伦比亚大学图书馆服务学院主持建立了哥伦比亚善本书学院（Rare Book School，简称RBS），这成为美国图书馆古籍整理教育的起源。善本书学院最初集中了一些与书籍书目相关的非学分制课程，旨在为从业人员以及其他对书籍历史与印刷感兴趣的人员服务。学院的第一个夏季学期有8门为期5天的课程。到1984年，课程表已扩展到20门课程。

1990年6月，哥伦比亚大学基金会决定逐步取消图书馆服务学院。1992年学院正式关闭，善本书学院、文献保护与修复这两个最具特色的专业分别迁往弗吉尼亚大学和德州大学。截至此时，学院培养了54名文献修复技术方向和108名文献保护管理方向的学生。

文献保护与修复专业在德州大学得到了长足的发展。当年协助保罗负责哥伦比亚大学文献保护专业的卡洛琳·哈里斯（Caroline Harris）在评估搬迁地址时，被德州大学奥斯汀分校的优势深深吸引。图书馆学院的环境、当地保护专家及图书馆员和档案馆员的良好社区氛围、以哈里·兰莎姆人文研究中心（Harry Ransom Humanities Research Center，简称 HRC）文献修复项目为代表的各种文献保护项目，都为文献保护教育项目的发展提供了良好的条件。HRC 是美国最重要的人文研究资料收藏中心，拥有 600 多万件馆藏，包括世界上最早的照片和一部完整的古腾堡圣经。

文献保护与修复专业在 1992 年正式搬迁到德州大学奥斯汀分校的图书馆暨信息科学研究生院（Graduate School of Library and Information Science，后改名为信息学院 School of Information），并更名为文献保护与修复研究（Preservation and Conservation Studies）。作为搬迁协议的一部分，图书馆暨信息科学研究生院提供了两间由保罗·班克斯设计的专供图书和纸张修复教学使用的实验室，国家人文基金会也扩大了支持力度以维持项目的运作。

德州大学的文献保护与修复研究专业是一个三年制的硕士项目，分为文献保护管理（Preservation Administration）和文献修复（Conservation）两个方向，修读的课程有所不同，但都有半年到一年的实习时间。随着时代的发展，专业课程增加了数字文献保护问题以及文献保护过程中数字技术的使用，课程也不再只向项目内学生开放。可惜由于美国国家人文基金停止资助，这个连续多年排名北美第一的文献保护与修复专业在 2010 年停止招生，没能坚持下去。

在德州大学的学习经历，让我受益终身。2002 年 8 月 8 日，我到达美国德克萨斯州奥斯汀市，拜见了当时德州大学图书馆暨信息科学研究生院的代理院长 Donald G.Davis，Jr.。Don 是图书馆史研究专家，蓄有络腮胡子，为人亲和幽默，曾担任《图书馆与文化》（*Libraries & Culture*）的主编。他和中山大学图书馆程焕文馆长是老朋友，曾合作撰写 *Destruction of Chinese Books in the Peking Siege of 1900*（《北平庚子围困时期中国图书的损毁》），在 1996 年北京 IFLA 大会上发表，并在 2000 年访问过中山大学。Don 知道我是来学习文献保护和修复技术的，特意安排了文献保护与修复中心的主任 David B.Gracy II 担任我的导师。David 是著名的档案学专家和文献保护理论专家，是个非常和善的老头，他那曾经把我弄得云里雾里的浓重德州口音，让我印象深刻。还有他家客厅里摆放的那套迷你火车运输系统，足有五六平方米，开关开启火车开动，站台上灯光闪烁，货车装卸、加水加煤，让人仿佛回到百年前的美国西部。他说这个大玩具已经陪伴他半个多世纪，每次搬家都要花很大功夫来保护它。

除了中心主任 David，还有三位专业老师：中心助理主任 Ellen Cunningham-Kruppa，讲授文献保护理论和管理课程；Karen Pavelka，讲授纸张修复、载体材料技术和危机管理等课程（她曾在前面提到的 HRC 担任修复实验室主任多年）；Chela Metzger，讲授图书修复等。Ellen 和 Karen 都毕业于哥伦比亚大学，是保罗早期的学生。Chela 大学毕业后在波士顿的北博乃得街学校（North Bennet Street School）学习图书修复技术，曾在洛杉矶亨廷顿图书馆从事图书修复工作。北博乃得街学校是一个极具特色的传统手工艺职业学校，成立于 1885 年，位于波士顿的北端。该校最初是为了帮助新移民学习新技能以在新的国家谋生，包括木工、壁橱制作、首饰制造等职业培训。百年来学校的宗旨并没有改变，仍以训练学生使用手工技巧与不断发展的技术、维护和推动传统工艺的发展为使命。目前设置的专业有图书装订与修复、珠宝制作、小提琴制作、古典家具制作等，全部都是传统手工艺的传承。美国图书馆界的古籍修复人员有相当部分来自这个学校。

德州大学文献保护与修复专业的课程设置理论与实践并重。理论课有保护科学 I 和 Ⅱ，文献保护概论，文献保护管理，文献记录材料与技术，文献记录材料的保存与保护，灾难预防与馆藏管理等；实践课则包括纸张修复 I、Ⅱ、Ⅲ，图书修复 I、Ⅱ、Ⅲ，高级修复处理，修复实地调查和修复实习等。在 David 的建议下，我选修了保护科学 I，文献保护管理，文献记录材料与技术，纸张修复Ⅰ、Ⅱ，图书修复Ⅰ、Ⅱ，一年内修完。其他的课则由老师提供教学大纲和参考资料，课余自学。由于时间和身份关系，我没能参加修复实习。美国的专业实习和我国大学生的实习不太一样。他们要经过实习单位的面试，录用后会有相当于全职员工一半工资的报酬和各种保险。

我的同学来自不同的教育背景，有本科毕业的，有硕士毕业的，还有从事其他工作多年的。他们大多修读过大学层次的艺术学、化学课程，以不足10%的录取比率通过入学申请，竞争还是蛮激烈的。我的到来引起了同学们的关注。我是第一个来自中国内地的学员（以前曾有台湾学员），而且还具有大学图书馆的高级职位（我当时已担任中山大学图书馆副馆长）。在实验室和我坐对面的小伙子Steven有一次忍不住问我："你已经是副馆长了，为啥还要来学这个？"我说我喜欢这个专业。他似乎对这个回答并不满意。同学和老师们对我都非常友好，2003年春广州非典爆发时，他们都非常关注并对我表示慰问。

我的学习时间很有限，希望能在一年内学习更多的东西。于是，我选了很多课，几乎每天都有，实践课更是一整天待在实验室里。幸好租住的公寓离学校比较近。虽然房租较高，但有时间可以随时到修复实验室加班。我的晚间和周末常常是在实验室度过的。由于我是访问学者身份，中心专门给我安排了办公室，晚间也可以去办公室和资料室看书。

除了忙碌的学习，老师的严谨和规范也给我留下了深刻的印象。当时，美国已实现了图书修复从传统手工艺传承到大学正规教育的完美转变。老师会详细讲解和演示每一项技术的做法，会教授如何根据不同的修复对象和目的选择最适合的修复方法，未经实践检验的修复技术严禁直接用于藏品的修复。不仅如此，对于修复工作的规范化管理也非常严格。例如，修复档案记录要完整，制定修复方案一定要和馆藏管理人员协商，严禁食物进入实验室，记笔记只能用铅笔等。我记得我曾犯了一个无心的错误，Karen 老师那严肃的表情一直印在我的脑海里。那是第一次上 Karen 老师的纸张修复课，她很关心地问我午餐怎么解决。我说我带了午餐，就放在实验室门旁的书包里。她一听，马上一脸严肃地告诉我以后不可以将食物带进实验室，即使我将午餐装在饭盒里，即使我套了两层塑料袋，即使我的书包只是放在实验室的门旁。她说，虽然包装得很严实，但食物散发的气味还是会将老鼠、蟑螂等吸引过来，所以食物一定要放在实验室外面的厨房里。为了方便师生用餐并严格遵守实验室的食物管制规则，学校专门在实验室外设置了一个小房间，配备冰箱、餐桌、微波炉等，供师生存放食物和用餐。事情虽小，但给我的触动很大。

求学期间，还有两件事也给了我很大的刺激。

一次是老师讲解修复用纸，拿出一张很薄的手工纸称它为日本纸（Japanese Paper）。我一看，这不和中国的手工纸一样吗？造纸是中国人发明的，这纸也和中国的纸一样，怎么能叫日本纸？我还发现，实验室材料库里各种厚度、原料的日本纸有十多种，美国的修复材料供应商目录上提供的品种更多，全部标为日本纸，而且价格昂贵。我当时很为美国人的“狭隘”和“偏见”愤愤不平，中国的手工纸更好更便宜，你们为什么不用呢？

回国后我拿日本纸的纸样和国内的手工纸一比较，才发现了差别。日本纸的厚度规格有很多种，比较厚的用来补西文古籍的缺页和封面，比较薄的是用来连口和补裂。中国的手工纸普遍较薄，与薄的日本纸相比也相差甚远：日本纸的纤维又细又长，而且非常均匀；日本纸的厚薄非常均匀，即使是薄得几乎透明也能保持均匀；日本纸非常精致，边角和中间没有任何差别。后来我又收集到一些各个时期、各个地区日本纸的纸样，以及日本纸生产和销售的画册。有了这些比较，我才意识到日本纸在国际上取代中国纸是必然的。虽然中国发明了造纸术，但日本青出于蓝而胜于蓝，纸张生产技术早已超越中国。

另一件事也和日本相关。一天，美国小伙 Frank（他现在是美国国会图书馆文献保护部的组长）向我介绍修复用的浆糊，说商品名叫 Zen Shofu。他认为我这个东方人应该知道这个东西，因为它来自日本。遗憾的是我根本就没有听说过这个东西。后来一查才知道，原来这个 Zen Shofu 是日本一种高度精炼小麦淀粉的商品名，在日本和西方广泛用于纸张修复、黏结纸板和皮革。

由这两件事可以看出，在西方人的眼里，在很多方面代表东方文化的是日本，而非中国。当然，主要的原因还是我们自己做得不够造成的。

我于 2003 年 7 月回国，我们馆的改扩建工程刚刚开工，一切都在混乱之中，但古籍保护与修复项目还是有条不紊地开展着。那年 3 月建立的古籍修复实验室，在工程建设的嘈杂中坚持着工作。

2004 年 12 月，我的美国老师 Don、Karen 和 Chela 应邀来到中山大学图书馆访问，并举办培训班，开启了我馆古籍保护与修复培训的先河。图书馆改扩建工程完工，古籍修复实验室的面积逐步扩大，达到 450 平方米。2009 年 12 月，中山大学图书馆古籍修复中心成为国内高校系统唯一的国家级古籍修复中心。

作者简介：林明，男，48 岁。中山大学图书馆副馆长，研究馆员。

做事先做人　修书亦修心

——一个修书人的碎碎念

侯妍妍

2009 年之前，我只是一个喜欢中国古典文化的平凡人，因为喜欢线装书，所以就喜欢了古籍修复，加入到这个行业中来。于是，2009 年之后，我成了一个喜欢中国古典文化的平凡的古籍修复人。

初入此行，就有人告诉我这一行有多么枯燥、多么寂寞，那些书又有多么破、多么脏，甚至有人会过敏等等。或者我神经比较大条，这些告诫我并没有放在心上。事实上，当我第一次面对残破的线装书的时候，唯一的感受是，心疼。这说法并不夸张，也没有丝毫伪饰。从大学时候起，我就开始买书，并且开始喜欢上线装书，喜欢它古朴，喜欢它温暖，喜欢一卷在手，慢慢地读、细细地品。书是朋友，而线装书更像是密友。如今，它面目全非地在我面前，那感觉，真的是心疼。

或者，对书先有了这种感情，所以当初的那些告诫根本没有对我的修复工作造成任何影响。脏与破根本就是可以忽略的事，不脏不破，何来修复。枯燥么？当你面对挚友，又怎么会觉得枯燥？至于寂寞，或者说者只看到了修书人独对古籍时的孤独表象，而修书人的内心却如素绢上作画，看似大片飞白，然而简静又丰满，这感觉别人无从体悟。

做修复伊始，要说真正影响我的，其实是我急躁的性格。从前，无论做什么事情，我都是要一口气完成才行。修书以前，我以为那叫麻利，可修书之后，我明白那叫急于求成，叫欲速则不达。于是，我开始反思自己，开始刻意磨炼自己。磨炼自己并不是刻意去拖延，而是一张一弛，急徐有度。在这个过程中，我开始渐渐觉得自己的心变得一点儿一点儿平和起来，于修书的间隙，也常常会有一些感悟。这些感悟来自修复，可是说它适用于生活，其实也不为过。做事与做人，本来就是相通的，而要想修好书，势必先修好心。态度对了，方向才对。于是我给自己总结了几个字，做事先做人，修书亦修心。

修心的历程比修书艰难，可也是步步亦趋，相辅相成。我最初开始修书的时候，总想快点完成，好早日看到它修好的样子。事实上，此念一动，我就已经输了。注重结果没有错，错在于太想早日得到结果而容不得过程中许多细节所需要的时间。就说最简单的制作修书用的浆糊，我们习惯用熬制的浆糊，单单搅浆糊就需要至少20分钟，而我每每就等不到20分钟。制完浆糊最好稍放一放，去去浆糊的燥性，可我也等不得。那时，修书过程中诸如此类的等不得，我有很多。一颗心总是急匆匆的，要奔着最后的结果去，结局就是上面说的——欲速则不达。我那时的状态是，早上坐在修复案前就先想，我今天要做成什么，忙忙地做一天，回头看看自己的活儿，左看右看觉得不顺眼，说不上来的感觉，就是不稳妥。后来想想，是心太匆忙，一心要奔着结果去，手底下的活儿就不精致。是的，就是这个词，不精致。修书是手艺活儿，要求技艺精湛，而要精湛，精致是前提。修书又是个急不得的手艺活儿，环环相扣，哪一步不到位，结果都精致不了。后来总有人问修书哪一个环节最重要，我总是告诉他们，没有最重要，是每个都重要。那时的我意识到了这些，开始老实了，踏踏实实地做着每一步，该等的时候就等，该慢的时候就慢，气定神闲……像是那种亲人间的相濡以沫一般，我的性格也随之渐渐平和了许多，少有火暴和急躁。有那么一天，我摊开一页书开始工作，良久，我忽然意识到这一系列的动作如此井然有序而又自然，我的心平静又踏实，而我也很久没有在工作前先去想那些预期的结果了。我知道我是真的融到古籍修复这个手艺活儿里面来了。古人说

“种花何问看花谁”，做事不可以计较后果，心无旁骛地做好当下之事即可。佛经里讲“无欲则刚”，无欲无求去做事，百折不摧。我把这用到修书中去，同样也用以修心。

做了修书人之后，我的动手能力日渐增强，过去我往往纸上谈兵，动口不动手。修书之后，我乐于尝试各种手艺活儿，把修书当艺术，把手艺活儿当艺术，我坚信艺术的最高境界是相通的。你总能从这样那样的杂事中有所领悟，有时渐悟，有时顿悟，或者曲径通幽，或者条条大路皆通向同一个目的地。

做了修书人之后，我开始事事不忘修复。过去我是喜新的人，喜欢新东西新事物。可喜新也使我变得厌旧，厌旧就常常使我半途而废。学习修复之后，偏偏是天天与旧的事物打交道——那些面目全非的书页，面目全非的往昔，在修复过后居然可以还原，可以获得新生。于是学习修复改变了我的一些人生态度：旧的，若能用些智慧、用些恒心，原来是可以更新的。况且人至中年，旧物占据了生活的大多数时空，每增一岁，旧物便更多一些。这些旧，累积在生活中，久了就是生命本身，无法抛弃，无法更改。幸好，我在此时学习了修复，并且自省到了自己的生活，此后我多了一个叫“持之以恒”的心态。修复不仅使旧物更新，还使生活态度更新，于是，得以日新月异。

做了修书人之后，生活更加平凡，无奇。日日如流水，逝者如斯夫。而这流逝的岁月里，有某样我热爱的事物在我手中重生。而我也在这流水样缓缓、脉脉的岁月间，循着一种生命有情的秩序，有条不紊地行走在春夏秋冬里。

作者简介：侯妍妍，女，42岁。山东省图书馆古籍修复人员。

我和古籍修复工作的不解之缘

施文岚

组里来了新人。

看着这张写满青春的脸庞，我的思绪回到了 20 年前的一天。也是 5 月，我被分配到湖南图书馆古籍修复组工作，对这个早有耳闻的“脏乱差”岗位，我内心充满了无奈和不甘，感觉命运女神已经把我遗弃在这个昏暗且沾满灰尘的角落。

上班的第一天，我刚走进古籍修复室，迎面见到一位身上穿着一件洗得快要褪色的蓝大褂、头发花白、身材瘦小的女师傅，正弓着背，在一张硕大的长条桌上修书。天啊——我的心都在抽搐，她的现在就是我的将来？美好青春就要这样渡过？师傅正专注于手上的工作，当她抬头迎上我异样的眼神，唇角绽放出一丝微笑：“你是小施吧，你先试试看，这个工作可不是谁都能干好——你会发现这里面的乐趣的！”我耐着性子，瞟着师傅小心翼翼地用涂满浆糊的小纸条，粘补一页页烂兮兮的旧书……

面对满是灰尘和虫眼的古籍，一天、两天，一月、两月，我满腹委屈又无可奈何。直到有一天，一件微不足道的小事触动了我近乎麻木的心灵。那是一个炎炎夏季，师傅的书锥被我不小心从工作台上拂落，锥尖朝下砸向地面。说时迟那时快，一只穿着白色凉鞋的赤脚倏地伸过来挡在锥子下面，“当”的一声，锥子横躺着掉在水泥地上。“哎哟，没摔坏吧？！”师傅立马躬身捡起锥子，像抱起摔在地上的孩子，心疼地端详着，擦拭着……我被眼前的这一幕震惊了，师傅担心的是锥尖有没有被摔坏，全然不顾自己裸露的脚背会不会受伤。

从那以后，我对古籍修复工作的态度有了很大转变，从抗拒到亲近，从厌恶到深深地爱上它。

1999 年，我怀孕了。上班对于原本腿脚就不方便的我来说，更加困难了。家人都劝我请假休养，但我割舍不下那些等待修复的古籍，仍然每天坚持上班。宝宝牙牙学语，我有时候也会把她带到办公室，工作之余和她一起猜猜书页上那些破洞的形状，这个是奔跑跳跃的小羚羊，那个是憨态可掬的大灰熊，还有，那是一个踮着脚尖跳芭蕾的小姑娘……现在，女儿已经 14 岁了，天马行空的想象力使她的作文增色不少，风趣幽默的谈吐为她赢得了不少同学的青睐。

2012 年，我为省古籍修复技术培训班讲授古籍修复技艺课。那是我第一次走上讲坛，开场白我说："大家一看，就知道我是一个等待修复的人。我多么想跟其他授课老师一样，气质优雅、风度翩翩地走上这讲台。但我做不到。我想，这些残破不堪的古籍的想法跟我一样吧。它们也想像其他古籍一样，典雅、端庄地摆放在书架上，散发着悠悠的古墨幽香，骄傲地等待读者前来翻阅与欣赏。但它做不到：虫蛀、水渍、霉蚀，甚至夹杂着老鼠屎、蜘蛛网、小虫子，谁都不愿多看它一眼——它该有多伤心、多难过呀！它们的心情我能理解，我要通过自己的努力满足它们被修复的渴望……"说到此处，我的声音不禁有些哽咽。

课间休息时，一位长得白白净净的女学员把我约到一边，吞吞吐吐地说："老师，我在单位停薪留职，跟我男朋友在外面做生意，生意也不错，我们单位硬叫我回来学这个古籍修复，您就帮忙给单位说说，说我不是这块料。"我笑着对她说："你先试试看，这个工作可不是谁都能干好的——你会发现这里面的乐趣的。不成，我再帮你说。"女学员听了，若有所思。等到学习班快结束时，那位女学员又把我约到一边，有点不好意思地对我说："老师，你莫对我们单位说了，我觉得这个工作蛮适合我的！"没想到，短短三十几天时间，她的思想问题就被"修复"了，我也很高兴。

不知不觉，20年过去了。很感谢《中国文化报》《长沙晚报》《潇湘晨报》等报刊多次对我工作的宣传，也很感谢“湖南金鹰纪实”“湖南公共频道”“湖南政法频道”等新闻媒体的专题报道。他们的报道使湖南图书馆的古籍修复工作走出了古籍修复室，走出了馆门，被社会大众所了解、所关注。古籍修复这一充满神秘感的传统技艺，由幕后登上了荧屏，走近了百姓生活。

如今，古籍修复工作已经和我结下了不解之缘。我还常常回想起第一天上班师傅对我说的话，“这个工作可不是谁都能干好”，那是因为，干好古籍修复工作需要摈弃尘世的浮华，积累长期的经验。“你会发现这里面的乐趣”，那是因为，一部古籍就是一段历史，承载着风云变幻；一本老书就是一段人生，寄托着悲欢离合。现在，那把被师傅挡了一脚从而幸免于被摔坏的书锥完好地躺在我的工具包里，伴随它的还有一把老书锤，它们虽然布满了岁月的痕迹，却仍锃光发亮。它们是老师傅退休后，留给我的最珍贵的宝贝，如今再找不到这么好的材料的工具了……

当我抚摸着书锥和书锤，整理自己亲手修复好的一部部古籍，常常感慨万千。残破的古籍需要妙手悉心修复，才能整旧如旧，回归完好。成长道路上的我们，或许有缺陷的人生，不仅需要师傅们循循善诱，言传身教，更重要的是自己要有面对困难、迎难而上、自我“修复”的信心和勇气！

作者简介：施文岚，女，43岁。湖南省图书馆古籍修复人员。

古籍修复，拿得起却永远也放不下的情结

史宝友

端庄古朴的装帧，泛着微黄的书页，秀美的书法字迹，淡淡的幽香，远离世间的浮华和躁动，静静地平卧在华丽而优雅的刻丝函套里……这大概就是许多人，特别是念书人对古籍的印象吧。中国古籍之美，难以用语言尽述。它们忠实地记录着中华民族文明的发展历程，有序地传承着中华民族的文化血脉。如果让一个人来到这样一个装满古籍文献的空间，他的心灵一定会得到净化。

而在我们这些古籍修复者的心目中，古籍文献可真的是既没有那么美妙，也没有那么多的优雅。每一册古书、每一张书页，甚至是只字片纸，记录的是历史给它们留下的沧桑和一次次的劫难，记录着我们的先贤、仁人为它付出的巨大代价，以及他们冒着生命危险守护古籍文献的动人故事。存留至今的古籍，是

我们的先人留给我们的弥足珍贵的物质和精神财富！

我正式从事古籍修复工作，应该从2008年算起。那年10月，我有幸参加了“全国第四期古籍修复技术培训班”。那次培训班授课的老师来自国家图书馆、上海图书馆、广州中山图书馆、天津图书馆等馆，都是著名的学者，古籍修复的专家、泰斗。在此之前，我虽然有二十几年的图书馆工作经历，对图书馆的许多工作都拿得起、做得来，对古籍修复也有所尝试，但经过这次培训，才真正地认识到了古籍修复的真谛，深深敬服授课老师们严谨的治学精神和精湛的古籍修复技艺。

回到图书馆，便开始了我的古籍修复工作。由于我们馆只有我一个人搞古籍修复，面临的问题和困难是可想而知的。从置备修书工具、材料，思考修书预案到修复每一张书页，直至一本古籍的修复完成，特别是在修书过程中遇到的难题，都要我自己去解决。

记得我修复过一本叫作《寿世医鉴》的古籍。这是一本清代光绪年间宣纸本的中医药古籍，残本残卷，中度污损，封皮呈深黄色且已酸化，破损约有三分之一，封签完好；前后护页、封底已撕毁，正文书页也有撕毁，书纸拉力、韧性较差。在修复封皮时，用清水喷洗脱酸，用PH试纸检测封皮的酸碱度为6.0—6.5，用了1200多毫升清水的喷洗，它的PH值才恢复到7.0左右。揭封签时，发现封签后面的封皮上隐隐约约有字迹。于是，我用一张薄的硬塑料片，放在封签和封皮之间，用镊子、起子加清水一点儿一点儿地揭开，当封签完全揭开后，发现竟是原书书名“寿世医鉴”四个字，这也确是一个意外的惊喜。把封皮托裱好，然后再把揭下来的封签贴在一张准备好的护页上，这样一来，书的封皮修复得非常漂亮。

但在修复这书的正文书页时，却出了一点儿问题。修书页时我也是用喷洗法清洗每一张书页，然后托裱。清洗书页时，要用一张吸水纸卷成一个纸卷，把清洗书页的水分吸干。在我用纸卷吸水时，不小心把书页撕坏了，大约有 5—6 厘米长并缠在吸水纸卷上，糟糕！这该怎么办！我非常着急又不知所措，这时我告诫自己：别着急！冷静冷静！于是，我把工作先放下，把门锁好，来到图书馆外面，一边散步一边想办法。对呀！既然书页是在有水的情况下撕掉的，那我就用水把缠在吸水纸卷上的书页放平，然后用吸水纸吸干，再贴在原来的地方不就行了吗？有了好办法，我回到修书台前，按我想的那样做了一遍，果然成功！待到全书修复完毕，再找到那张撕坏的书页，已经很难发现有撕坏的痕迹了。

另一次是修复一本毛装抄本古籍，书名叫《经验良方遗集》，这本书的书纸洁白细腻、轻度污损、字迹端正、绘图细致；但它的纸张韧性差，有水浸痕迹，书的边角破损、打卷；全书都要清洗、托裱。在修复这本书的封皮时，发现在左下角破损处有抄书者的名字。抄书者名叫“林□文”，中间这个字像是少了三点水的繁体的“汉”字，但因无法查考，只能按原样处置。在全书都经过清洗、托裱、吸干处理后，直到折页时，才发现最后的“文”字的那一横，在托纸时被反折到后面，从正面看“文”的这一横缺了一小段，哎！只好返工，喷水、揭掉托纸，用镊子一点点把它复原。这张书页修复后一点也没影响它的美观，基本保持了原样。

这些小故事还很多。几年来的古籍修复历程，有喜有忧；付出很多也收获很多。由我修复的多本古籍得到过天津图书馆古籍修复专家的肯定和鼓励，这也坚定了我修复古籍的信心。

古籍修复这种工作确实是有许多的艰辛，寂寞枯燥，日复一日地重复着同样的工作；但热爱古籍是古籍修复专业人士应具备的特质。古籍修复任重道远。随着我国社会的繁荣发展，今天的古籍修复师已完全不同于古代的修书匠，需要有丰富的知识、经验以及对整个古籍保护事业的理解、认知。必须用信心、良心和责任心，来认真对待先辈给我们留下的这些宝贵的文化遗产。

如果用简明的语言概括古籍修复者的工作状态，我会用李白的“古来圣贤皆寂寞”和宋代陆放翁的“天下英雄唯使君”来表达。古籍修复是人类文明薪火的传承，是“为圣贤之所为，负使君之使命”，用这样的诗句夸赞它，恰如其分。

作者简介：史宝友，男，51岁。天津中医药大学图书馆馆员。

我的古籍修复生涯

师有宽

我从事古籍修复工作已有半个世纪的漫漫光阴。当年在张士达先生面前鞠躬，初入师门学习古籍修补时我还不满 20 岁；现在已年过七旬，忝列古籍修复技艺传习人，在西北一隅收徒教习，唯愿勉力发扬师傅的德艺。为使那段往事不至湮没于时光，今天对我的古籍修复工作经历做一个回顾。

一、初到北京

我自 1959 年参加工作后，一直在甘肃省图书馆工作。其中 1961 年 7 月至 1963 年 7 月的两年时间，组织选派我参加了文化部群众文化局举办的全国第一期装修古旧线装图书技术人员训练班，在北京图书馆（今国家图书馆）古籍装修室学习。

馆人事干部口头通知我，馆里派你去北京图书馆学习两年，被褥及生活用品自备，伙食费自付，迁转户口和粮食关系。我听后真是高兴极了，做了三天的准备工作，第四天坐上了由兰州开往北京的列车。这是我平生第一次出远门，经过40多个小时，到了北京站。下车出站一眼望去，北京真大、真美，心里有说不出的高兴和激动，同时又很紧张，不知道北京图书馆在哪里，怕找不到。我从车站行李托运处取出行李，扛着沉重的被褥包袱出站。看到一辆人力三轮车，走近问车夫：你知道北京图书馆吗？他说知道，在北海公园西边。他帮我把行李放在座子的一头，我就这样坐着三轮车顺利地来到了北京图书馆。

第一天首先到人事处报到，并上交迁移到北京市的户口和粮食关系等手续。总务科给我们安排住处，在西皇城根集体宿舍内，我和另一位男士就加住在一间6人的男单身大房内。肖顺华先生（大组组长）、肖振棠先生（古籍装修室组长）和学员们互相认识，简单介绍了北京图书馆的情况和办班的目的，还领看了食堂的位置。

第二天早晨9时，在北图装订组的一排平房前举行了开班仪式。善本部主任赵万里先生和冀淑英女士参加，会议由肖顺华先生主持，人事处长宣读训练班的一些规定和制度，肖顺华先生宣读了以师带徒名单。

肖振棠师傅带北京图书馆的宋康民，张士达师傅带北京图书馆的王丽英和甘肃省图书馆的师有宽，肖振邦师傅带黑龙江省图书馆的柳长发，李道之师傅带吉林省图书馆的吴丽芝，魏梅占师傅带湖北省图书馆的王思靖，李书梦师傅带南京图书馆的朱殷章（名字记不准确，学习中途回馆），北京大学图书馆的康大姐（名字记不清）是中途来学习的。

仪式结束后，肖振棠先生把每位学员领到各自的师傅面前作介绍，把我领到张士达师傅面前说："你的师傅是张士达先生，他是修补古书的能手，以后就跟着他学技术。"随后，肖振棠先生对张士达先生说："这是西北甘肃省图书馆的学员师有宽，你带着他。"我在张士达师傅面前很虔诚地鞠了一躬，师傅微笑着说："你很年轻，好好学吧。"从此开始了我两年师从大师的宝贵经历。

古籍装修室、古籍装裱室和新书装订室同是一个大组，名称为装订组，组长肖顺华先生。装订组的位置在北图（文津街 7 号）最后边书库大楼东边东北角的一排大平房里，坐北面南。古籍装修室在西边的大三间里，古籍装裱室在中间的大两间里，新书装订室在东边的大四间里，还有一间印刷室。古籍装裱室共 4 位师傅：韩魁占先生（组长）、张万元先生、张永清先生和徐朝彝先生。新书装订室有 10 人左右，肖顺华先生兼组长，其他人具体名记不清，因为那时纪律很严，不许串岗，只是大组开会和政治学习在一起。

二、师从国手

训练班采取以师带徒，边教、边学、边做的方式。开始学习时，肖振棠先生让学员们先看几天，观看师傅们是怎样操作的。我们在每位师傅跟前都仔细看了，然后师傅教我们学习修复普通的破旧古籍，先易后难，不断熟练。在这段时间里，我遇到一些难以操作的工序，反复操作几次，心里不免产生厌烦，张士达师傅看出了我的不正常情绪，非常和善地劝导说："学这门手艺，年轻人一开始都会觉得很枯燥，越做就越觉得很有意义，做的时间长了，你会感到很有乐趣。"随着时间的推移，确实如此，我也就喜欢上了这一工作，学习比较刻苦认真。半年后，训练班将学员的学习成果进行展评，我的学习成绩最优。

学习进行到7个月以后，我们开始学习各种焦脆、絮化、酸化、脏污、粘连等损伤严重书叶的处理方法和操作技术，同时学习古籍的各种装帧形制。从卷轴装、经折装、蝴蝶装、包背装到线装，并学习以"整旧如新"的方法加固古籍的装帧形式金镶玉。由于学习项目和工序不断增多，操作难度也越来越大，这就要求在操作过程中更加认真、细致和耐心。张士达师傅对我说："这是一门手艺活，每一道工序都得细致认真，不能马虎，上道工序做不好，会影响到下道工序，一个环节出了问题，做出来的活肯定不成样子。”师傅还说：“做手艺活，必须眼到、手到、心到。”“没有学不会的技巧，要多练熟能生巧，眼里过千遍，不如手里过一遍。”在师傅对事业执着精神的鼓舞和精心指教下，我的学习成绩在一年的评展会上，再次以优领先。

一年后，训练班根据学员的学习进展，特别是操作技术的掌握，开始让学员参与修复善本书。修复古籍最主要的一道工序就是配纸，只有做到配纸准确无误，才能达到保持原貌和延长寿命之目的。在此期间，训练班专门邀请我国当代著名的版本专家赵万里先生讲授有关版本知识和古纸常识。我国古纸和现代手工纸的品种有百余种，归纳起来可分为五个大类：麻纸、皮纸、竹纸、宣纸和棉纸。张士达师傅鉴别纸张的经验非常丰富，他经常教我的是用看、摸、拉三种技巧。看，多见古的旧的，观察纸张细腻匀整程度及色泽等；摸，识别纸张质地柔韧性及平整光滑度；拉，测试纸张是否坚韧有力，耐久性强。他还说：“各种纸张有它的鼎盛期，宋麻、明棉、清开化（宣）。”古籍装修室有两册自制的各种古纸样本，师傅让我平时多翻看，经常和自己修补的书叶多对照，在实际工作中识别纸张。

张士达师傅对补纸的要求十分严格，从纸张的性能、颜色深浅、厚薄程度，直到帘纹宽窄都要基本与原书叶一致。师傅在补书叶时特别注意原书叶和补纸的帘纹，他要求补上的纸纹和原书叶纸纹横竖是同一方向，保持纸性的一致，避免横竖拉力不一，书叶难以平整。

三、修复金藏

我在北京学习的后期，也就是最后的两个月，张士达师傅和韩魁占先生商议，让我在韩魁占先生的亲自指导下，学习修复《赵城金藏》的技术，也是让我学习修复“卷轴装”的技术。因为我经常帮装裱室的师傅们打浆糊，和师傅们的关系很好，韩魁占先生也就同意了。

装裱室的两间大房内摆着两个大裱案，北面墙和东边墙上钉着绷板，还立着些单独的绷板，西边靠墙立着两个柜子，柜内保管着各种材料和当时要修复的《赵城金藏》卷轴。两位师傅在一个大案上工作，各占一边，有分有合，协作工作。韩魁占先生和张万元先生合作，张永清先生和徐朝彝先生合作。

初到装裱室的十多天，韩魁占先生让我先看师傅们是怎样做的，同时所有的杂活我承包了干。后来我一直跟着韩魁占先生，他干什么，我帮着干，也就是打下手。修复的古籍书和《赵城金藏》经卷，都是由两室组长肖振棠先生和韩魁占先生从古籍善本书库领取，书写领书单，并在领书单上签字。肖振棠先生领还书时，我们跟着抱书；韩魁占先生每次领 20 多卷。一批古籍书领来后，肖振棠先生召集各位师傅，研究每部书的修复方法和修复时间，没有登记册，只是写在纸条上，夹在书里。修书人按纸条上所写的内容进行修复，并按时完成任务。每个人修复完成后，都要交给肖振棠先生检查验收，再集中归还古籍善本书库。经书库管理人员细致核查验收后，将领书单退还给肖振棠先生，先生认为手续清了，领书单也就不保存了。装裱室将卷子领来后，经师傅们研究，按量分给每位师傅，但集中保管在柜子里。修复后经韩魁占先生检查验收后，用同样的方法归还书库。

记得修复《赵城金藏》的补纸是从原卷裱背上揭下来的旧纸。修复时用的托心纸和覆背纸，都是广西棉纸。古籍装修室和装裱室使用的浆糊，是小麦富强粉洗掉面筋的粉子制作的。多为在火炉上（冬天）和电炉上（夏天）熬制的浆糊，装裱室有时也使用开水冲制的浆糊。我在装裱室的那两个月，每月的定额是 28 卷，那时的制度是很严格的，只许超额完成任务，而不许少。如果没有完成任务，在下月必须加班补上。

四、追忆张士达先生

人的一生中，刻骨铭心的经历并不多。和张士达先生的一段师生缘是我一生都不能忘却的记忆。虽然恩师已经故去20余年，但是他的音容笑貌却依然清晰地留在我的脑海里，他的道德风范融化在我的血液里，他的精湛技艺镌刻在我的生命里。

师傅知识渊博，技艺精湛，古籍修复技艺的高超在业界得到公认。著名版本目录学家、藏书家孙殿起在其所著的《琉璃厂小志》一书中多次提到张士达，称其为“颇通目录学，并善装订古书”，许多文化名人与学者慕名找先生修复古籍。据先生讲，鲁迅、郭沫若、冯友兰、郑振铎、李一氓等先生都曾找他修书。赵万里先生更是尊他为“国手”。

跟随师傅两年，耳濡目染，细细品味，对师傅的敬佩之情与日俱增。师傅所以被称为“国手”、大师，其实过人之处恰恰在于细微之间的精益求精。师傅工作首先体现在细致。拿到书册首先是仔细观察，装帧形式、书皮及书叶等处的破损程度，然后进行清查。如果叶码不清无序，书脑订线以外破损，又不能在书叶上做任何记号，师傅就拿一张空白纸将第一叶第一行最前面的两个字和第一叶最后一行的最后两个字记录下来，以此顺序类推将一本书叶记录完后进行修补，并保存好记录纸张。修补结束后，以记录进行对照检查，订纸捻时做最后一次核查，保证做到准确无误。还有极个别书册在清点时发现有缺叶现象，师傅除做缺叶记录外，还必须在拆线前告知管理方，经管理方查看后再打开修补。这样做的目的就是让双方都明白是原装缺叶，而不是修复时丢失书叶。

修补时，师傅根据书叶厚薄等情况细心调好浆糊的稠稀浓度，这往往是许多修复者忽视的一点，但却是师傅特别强调的。这是因为浆糊的稀稠，直接关系到修复的质量和对书籍寿命的影响，稠了书叶发硬发脆不平展，稀了没有黏性，起不到固定的作用，补纸与原书叶容易脱开，而师傅总是能够把握得恰到好处。师傅还对补痕的宽窄度控制得非常好，一般不超过3毫米，这样补出的书叶让人难以看出补痕，书叶也很平整。

师傅有一个“百宝囊”，是一个布包袱，里面不是金银珠宝，而是各种碎旧纸片。他经常提醒我们，古旧纸张的来源越来越少，而我们修补古籍用纸量越来越大，除了积极寻找外，平时的节约也是很必要的。先生每次将补书剩余的整张纸很整齐地归还到原材料柜里，把补书页撕下来剩余的碎片，用皮纸条捆扎起来放在他的“百宝囊”里，待以后再用。

师傅鉴别古籍版本的知识和鉴别纸张的经验非常丰富。我经常看到赵万里先生和冀淑英女士拿着古籍图书和先生共同鉴赏，师傅从纸张质地、字体墨迹、印章题跋等方面一一细述，滔滔不绝，论理清楚，判据合理。赵万里先生称赞：“张先生说得很对啊！”冀淑英女士也连连点头，表示十分赞同，他们每次总是满意而归。古籍装修室和古籍装裱室的各位师傅和同志们，特别是古籍装修室组长肖振棠先生和古籍装裱室组长韩魁占先生，也经常向师傅请教这方面的问题，他成了古籍装修室和装裱室的“百科全书”“活字典”。大家离不了他，他也很热心地帮助大家。

师傅性格沉稳，为人谦和，底蕴深厚，见识灼远，缜密严谨，不事浮华。他从不迟到早退，每天总是早到十几分钟，甚至半个小时. 做起活来总是那么专心致志，聚精会神，令人神往。师傅修复的书都是赵万里先生或冀淑英女士亲自送来，交到师傅手里的。我坐在师傅的右边，看到师傅将书册小心翼翼翻开，仔细观察后商量好修复的办法，也就是修复方案后，才开始做修复的准备工作。从开始清点书叶、配纸、修补书叶到扣皮订线，都是慎始慎终，一丝不苟。记得有一天早晨，赵万里先生和冀淑英女士将三册书皮全部破脱的《永乐大典》交到张士达师傅手里，让他当天将书皮补粘好。师傅告诉我这部书十分珍贵，我们要认真细致，不能有错。师傅找到和书皮、护叶相近的材料，我帮师傅尽快补好后，先将护叶粘于书心，然后师傅包裹书皮排实，分册夹在压书板内压实。下午 5 时左右赵万里先生和冀淑英女士亲自来，将三册《永乐大典》全部翻看后，笑着拿走了。

师傅是个忠厚善良、勤奋节俭的人，与同志们的关系很融洽，大家非常喜欢他。先生除考虑工作问题时态度比较严肃外，平时总是面带笑容，表情十分温和宽厚，言语也很亲切动听。让人感到最可贵之处，是先生只看别人的长处，从来不议论别人之短，他的言谈举止，隐恶扬善，谨言慎行。他为人处世的哲学是和为贵、忍为高。人们常说，志士惜时，先生在单位的八小时，可以说都是被忙碌的工作和学习占去，对待工作是那么细致认真，学习是那么刻苦钻研。

张士达师傅于我既是严师，更是慈父。师傅的耳提面命，常让我醍醐灌顶。师傅对我格外器重，悉心指点，时时点拨，当面示范。在师傅无微不至的关怀和手把手的精心指导下，我经过刻苦努力，学习到了一些古籍装修的知识，也掌握了古籍修复的基本技术。虽然是短短的两年时间，有幸师从全国修复界鼎鼎大名的“国手”，使我有了人生中最美好的经历，也使我的人生无怨无悔。

师者如兰，高山景行。

五、把古籍修复技术传承下去

我于 1963 年 8 月回馆后，把两年的学习成果向领导做了汇报，馆领导特别重视古籍修复工作，很快在历史文献部设立了古籍装修室，由我一人工作。当时在经费十分困难的情况下，购置了一些简单的设备和工具材料后，于 1963 年 10 月开始了我馆的古籍修复工作，每年修复残破古籍100余册。1967年因文化大革命“破四旧”而中断。

1978年甘肃省图书馆装订工厂成立，让我负责此项工作，并派我到南京制本厂学习精装技术近一个月。回来后经和领导研究，在装订工厂设立精装组和古籍装修组。精装工作发展很快，不到两年时间，就有六人能熟练操作各道工序，能够完成本馆全年期刊的精装任务。后来发展成“独立自主，自负盈亏”的大集体企业，还承接兰州市部分大专院校图书馆期刊的精装工作。古籍装修组培养了赵玉花、颜东芳、刘天滨等古籍修复人员，每年修复破旧古籍300余册，还制作一些函套。通过多年的工作实践，1983年我在《图书与情报》第四期发表了题为《我国古籍装订修补技术》的文章，以促进我馆古籍修复工作的发展。后来又先后培养了曹有林、师青、左瑾等青年人，为甘肃省图书馆的古籍修复辛勤工作着。

2002年10月退休后，我继续发挥余热，受西北民族大学图书馆邀请，给古籍文献写书签并指导为古籍制作函套工作。2004年，受兰州市博物馆邀请，抢救修复古籍150余册。2005年开始，为省图书馆善本制作函套800余个。2009年甘肃省古籍修复中心成立，聘我为技术顾问，在修复工作中做技术指导，培养年轻的古籍修复人员，修复室每年修复残破古籍300余册。2010年至2013年，甘肃省古籍修复中心完成了一批珍贵老剧本的抢救修复。此项工作历时约三年，修复清末民初手抄剧本 394 种，487 册、14000 余页，是我省开展古籍保护工程以来的又一项显著工作成果，引起了业界关注和好评。

这批剧本内容完整，记录剧目之唱词、道白、曲调名称等。所涉题材广泛，既有历史故事、神话和民间传说，也有取材于日常生活者。其中绝大部分属甘肃独有孤本，几乎囊括了甘肃早期曲子戏、皮影戏、高山戏以及秦腔等剧种，呈现出甘肃早期戏剧的初级形态与舞台原貌，提供了甘肃地方戏剧剧种形成、发展、传播清晰之历史脉络，具有重要的史料价值和文献价值。但由于当时戏曲艺人的社会地位低卑，为了将戏曲唱词、唱腔用文字的形式传承下来，他们用自己微薄的收入购买一些价廉质劣的“麻纸”“粉连纸”“毛边纸”和本地产“土纸”等来抄写。剧本字体各异，大小规模很不一致，最大的长 30 多厘米，最小的只有 12 厘米。90% 以上的不留天地头，文字直写到天地头的顶端。加之又长期散落于民间，收藏不善，书页纸张酸化、絮化、霉变、虫蛀鼠咬、烟熏脆裂、水湿油渍粘连等破损程度特别严重，修复的难度非常之大，修复中的技术含量极高，是一项十分艰巨的修复工程。

馆领导非常重视此项工作，要求想尽一切办法，尽最大的努力，完成这批剧本的抢修任务。甘肃省古籍保护中心精心制定了修复工作方案，严格按照古籍修复的四大原则，组织人力进行认真细致的修补。根据这批剧本极其残破的特点，选择最优的修复办法进行保护，全部装成了“金镶玉”。这样既保护了书页天头地脚文字，同时可以保证老化、絮化书页不再破损，又可将大小相近的书籍以五六册为一个标准裁齐装订，做一函套，妥善保存。通过这批剧本的修复，甘肃省古籍保护中心培养和提高了修复人员的技术水平，修复队伍不断壮大，现有：何谋忠、曹有林、师青、左瑾、张文军、盛继军、陈润莉、王尔曼、李小宝、黄海霞、王岩等十余人从事修复工作。

50余年来，除作修复指导工作外，我先后修复古籍如《景岳全书》《华阳县志》《钦定礼部则例》《四书经注集》等2000余册，抢修剧本如《金川会》《满门福》《锦绣图》等6000余页。

作者简介：师有宽，男，73岁。国家级古籍修复技艺传习中心甘肃传习所，传习导师。

我与中华古籍四咏

杨成凯

读书

读书问字垂髫初，四部汪洋道不殊。风雨同舟七十载，是非恩怨有还无？

我跟古书结缘，是从小学一年级开始。当时病卧在床，看《西游记》消磨时光。后来历史课讲屈原有长诗《离骚》，找来《四部丛刊》本《楚辞》翻了翻，对线装书有了兴趣。上初中时喜欢读诗词，买了清杜文澜的《校刊词律》学填词。看到他使用不同的本子校改词文，开始懂得古书校勘的学问。校书要引证不同的书和不同的本子，要置备很多有关的书籍，这就沿着词集走上了读书和买书的大路。开始是买词集，然后是笔记、小说、杂史，等等，一步步进入目录版本之门。经、史、子、集，有喜欢的就买上一本，兴致很高。不料中学还没读完突然病倒，从此离群索居。

此后几十年间，人生之路风雨颠簸，无师无友。只有书，70 年来始终不离不弃，忠诚地伴我披荆斩棘，开创新生活。特别是，在我初期藏书尽失，劫后收拾旧山河再续前缘重理目录学时，书给了我最大的帮助，使我对古书的所谓版本之学有了新的认识。

不过这可不是一头的买卖，古书不仅给人快乐，也会故弄狡狯捉弄人，使我看不到书想得辗转反侧，买不到手急得抓耳挠腮，交臂失之悔得茶饭不思，偶得秘本乐得忘乎所以。古书啊，古书，我爱你还是恨你，这笔账该怎么算呢？

藏书

闲步书廊意趣长，虚名浪得曰收藏。词山曲海典型在，后辈焉争日月光。

我从小时候就喜欢遛书店，不管懂不懂，随意翻翻看看。对许多书籍的内容和版本，就是这么熟悉的。20 世纪 80 年代末琉璃厂开始卖一些版本书，爱书的朋友都常去看书。有时候几个好朋友凑在一起，一边看书，一边品评，有时也会说说自己正在研究什么课题，有什么发现。听说有熟人每每先下手为强，在我们没去之前抢先扫荡一遍，以防有些书被我们买走。说实话，当时线装书很紧俏，买到一本得意的书也真不容易。

几十年下来就这么看书买书，一个读书人而已，不料得了“藏书家”的不虞之誉，还说富藏词集，真叫人惭愧。要说以藏词曲闻名，藏书史上明有李开先，藏书有“词山曲海”之称；清有黄丕烈，他的书室称“学山海居”。李、黄等名家光比日月，照耀百世。今天词曲书珍善本已经归藏公库，民间藏本零星，已是自郐以下，岂敢侈言收藏。

中华古籍浩如烟海，在书海徜徉，时间长了，说不定什么时候就有意外之遇。记得一次从书堆中抽出一册《漆园逸响》，虫吃火燎，已经毁成碎片了。书名恍惚有些记忆，后来一查，发现《千顷堂书目》曾著录，但严灵峰《周秦汉魏诸子知见书目》已说未见，此残册尚是劫火孑遗。

校书

铅椠世称扫叶难，读书思适是前贤。为防先辈笑无字，不惜枣糕朱墨繁。

作文、印书校改讹误最难，前人比之秋风中扫落叶，随扫随生，所以古人很重视校书。北魏的邢子才说“日思误书，更是一适”，把读书改错看成开心事，顾千里的书房干脆就叫“思适斋”。黄丕烈的书上经常录有别本的异文，朱墨颜色斑斑点点，戏称“火枣儿糕”。叶德辉的友人说读书不必讲版本，有字就读，叶说你读的书都无字。

受前辈教导熏陶，不才也喜欢校书。上初中时，从上海古籍书店邮购了一部清嘉庆秦恩复刻《乐府雅词》，把异文都录在四部丛刊本上。前人校书要用朱砂和雌黄，所以一说校书就是丹黄。当时我还是孩子，就用市售的水彩。校得也还认真，是黄丕烈的死校一路。校本一直保存下来，现在还不时要用用，红色仍很鲜艳。

误书思之，亦是一适，读古书的都有体会。日前读书，看到如下一句："即揆之考，二亦无抵牾。""揆之"下接"考"字不成句，"亦无抵牾"上着"二"字不可解。若"二"属上，断为"揆之考二"，句法虽通，义不可解。开始以为有缺字，正在踌躇，忽然醒悟，"考二"必是"考工"之误，指《考工记》。原句应是"即揆之《考工》，亦无抵牾"，豁然贯通，不禁为之击掌。

刊书

历朝典籍寻渊源，古本几多已渺然。百宋千元一世好，何如再造递相传。

历代典籍是中华传统文化的重要组成部分，世代相传中，损失很严重。许多古书早已消亡，有幸流传下来的也有很多或是重编，或是残本，并非古本原貌。

能够保存到今天很不容易，值得我们珍惜保护，我国目前开展的史无前例的古籍保护工作意义之重大不言而喻。

保护古书一个举措是印书，前人称为给古书“续命”。我一直有个愿望，希望把有用的书印出来让大家看。90年代得到一个机会，印出一些难得一见的善本，稍慰初愿。还记得当年在杭州开会，吴熊和先生跟我说，研究陈子龙的词，不看《幽兰草》怎么行。我立即发信征得《幽兰草》底本，又借到明末刻本《三子新诗合稿》，抄得清初刻本《倡和诗余》。三书合刊，几百年不传的佳本重现人间，满足了学术研究的需要。

小时候看到《四部丛刊》影印宋元明本，很为之沉醉。后来看到叶景揆先生说《丛刊》影印时有描润之失，不禁想到有些人间孤本、珍本最好照原样影印。当年这样做谈何容易，想不到现在再造善本竟然成了事实。乾嘉间黄丕烈有“百宋一廛”，袁廷梼对以“千元十驾”，都是护持一时，转瞬风流云散，哪里及得《中华再造善本》一代代递相传授光照百世泽被千秋啊！

（附注：四咏入声字作仄。）

作者简介：杨成凯（1941—2015），男，国家文物鉴定委员会委员，中国社会科学院研究员。

守望古籍善本三十年

赵　前

2014年4月中旬，我有幸接到国家古籍保护中心来函，邀请我参加由光明日报社、国家图书馆（国家古籍保护中心）联合全国省级古籍保护中心共同举办的“我与中华古籍”有奖征文活动，谈谈个人与古籍相关的经历、故事。今年，我从事古籍善本工作已经整整31年，31年，弹指一挥间！

第一次见到古籍善本，应该说是机缘巧合。1982年10月23日，是国家图书馆开馆70周年的纪念日，馆里举行了隆重集会，时任中央书记处书记邓力群、文化部部长朱穆之到会热烈祝贺并讲话。这天，为了配合纪念活动，在当时的善本阅览室举办了一个小规模的善本古籍展。在开展前，李致忠先生、薛殿玺先生同意我进去阅览一下向往已久的古籍善本。打开善本阅览室的大门，迎面的桌子上铺着红丝绒台布，桌上整齐地摆放着一些古籍善本。首先映入我眼帘的是

"青出于蓝而胜于蓝"，我知道这是《荀子》中的一句话，但是真正让我震撼的是，此书楮墨精良，字大如钱，感觉如新。我当时疑惑地问李先生："这书是新印的吗？"李先生、薛先生听了我的话都乐了。薛先生笑着对我说，这部书是宋代刻本，距今有八九百年了，我当时非常诧异。后来李先生又详细介绍说，这部书就是南方著名藏书家陈澄中用一万大洋购藏的宋刻本《荀子》，陈氏因为得到此书，把自己的书斋命名为"郇斋"。在《荀子》右侧展放的是宋咸淳廖氏世彩堂刻本《昌黎先生集》《河东先生集》，字体隽秀，刀法剔透，纸莹墨润，精雅绝伦，被誉为无上神品，世称双璧。两集由于各种原因，曾长期分离。民国时期，陈澄中以重价购藏并携往香港。这三部珍贵的古籍善本，都是在周恩来总理亲切关怀下，在香港陈氏家人出售藏书时以重金购回的。李先生娓娓道来，我听得津津有味。虽然只有短短的十几分钟，却让我大开眼界，同时也让我下定决心，今后一定要从事古籍善本工作。

1983 年 7 月 20 日，我正式调入国家图书馆古籍馆，我的愿望实现了！我终于可以同朝思暮想的古籍善本终日相伴了！从那天起，什么下海经商，什么提干升迁，都没能动摇我守望古籍善本的决心。

2002 年，为了加强善本阅览室咨询工作，古籍馆领导决定，由我负责阅览咨询。几年来，经我解答、回复的各类咨询数千件。咨询古籍善本文献的读者，大部分是从事中国传统文化、古典文献研究的专业人士，还有的承担着国家重点项目与研究课题。我凭借在古籍善本编目、鉴定工作中积累的经验以及多年来对图书馆工作的了解，在为读者咨询工作中，能够迅速准确地帮助读者获得所需信息，或为读者提供相关研究领域的线索和途径。由于对馆藏资源比较熟悉，因此在建议读者使用馆藏资源时,尽力做到合理有效。既可使读者减少阅览古籍善本的数量，又能达到解决问题的目的，使满足读者需求与保护国家文物两方面达到较好的统一。2008 年 7 月，一位中华书局的女编辑为点校本二十四史的修订，咨询其索阅的宋刻本《陈书》的收藏者及其题跋。世传宋本《陈书》，为南宋绍兴年间四川眉山地区所刻，为“眉山七史”之一。由于该书需求者较多，因此宋代雕版以来，曾不断刷印。至元代书版开始修补，入明以后，书版存南京国子监，万历时还在不断修补重印。历经数百年，大量书版模糊漫漶，被前人戏称“邋遢本”。但她所咨询的《陈书》虽然仅存一卷，却很重要，因为此册不是宋元明三朝递修本，而是宋刻元修本，这对版本校勘是非常重要的。由于这册《陈书》上收藏者题跋落款很难辨认，三字名章又是大篆，女编辑只能释读其中一字，因此无法知晓收藏者的任何情况。我仔细研究了名章，知此书的收藏者是“龚心钊”，跋文的落款是龚心钊的字“怀希”。据此再查阅相关文献，得知龚心钊的生平事迹，给了她一个非常圆满的答复。由此也引起我对古籍工作者群体的关注。经过数年调查，我发现大量咨询，是因为读者对行草书法不熟或印鉴不能释读造成的。这些读者中有承担国家课题研究的学者、教授，也有撰写论文的博士后、博士、硕士研究生等。以古代文学、历史文献以及中医药学等学科最多。为此我想在这里顺便提出呼吁，凡是设有上述专业的大学，都应把书法篆刻的课程列为本科学生的必修课！我相信，如果从现在开始，在未来的八至十年，上述学科或领域，将会出现一批青年才俊。他们将会使古籍中的疑难文字活起来！

2009 年 6 月 27 日，《文汇报》驻京记者在第二批《国家珍贵古籍名录》专家评审后，曾经采访过李致忠先生。李先生当时感慨万千，特别谈到我国古籍版本鉴定人才“老化”严重，面临“断流”的问题。那年我 50 岁，是当时评审专家中最年轻的。五年过去了，我以为中国古籍版本鉴定人才的队伍虽然已有所扩大，但远远不够。只有培养出新人，这个行业才会有光明的前途。建议，可仿照非物质文化遗产传承人培养新人的模式，由专家与学习者建立起直接的传、帮、带关系。如果能够坚持五年、十年，也许可以培养一批专业人才。

岁月如梭，我守望古籍善本已 31 年了！也许我还可以继续守望五年、八年，但终要离去。但我相信，我的心仍然会继续守望我珍爱的古籍善本！

作者简介：赵前，男，56岁。国家图书馆研究馆员。

我与子书之缘

徐忆农

我童年的时候，电视机还没有走进千家万户。我的父母都是水利工程师，除了数理化是他们的强项外，母亲平时的爱好是读古典小说、下棋、绘画和剪纸，工作较忙的父亲，偶尔喜欢唱唱歌、听听音乐。记忆里，夜晚是一家人交流最多的时刻。在取暖的火墙旁，母亲教我们几个孩子下棋、搭积木，父亲则教我们识简谱，为我们讲解插图本《为什么》和《十万个为什么》，告诉我们玻璃窗上结的冰霜花纹为什么会像树叶花草的模样。印象最深的是他依据数学原理，指导我们用缝衣针和硬纸板制作出小演员走钢丝的玩具。遇到晚上停电，母亲会给我们讲《西游记》里的故事，讲她的同乡纪晓岚的逸闻趣事。

上小学时，我有一年休学在家。父母曾轮流带我到水利工地参观。回到家里，我时常兴奋地向小伙伴解释渡槽、涵洞等新学的名词。有一天，我和弟弟一起用煤铲在家中地上挖了个坑，再灌满水。父亲下班后看到水坑，问我们在做什么，我说在打井。父亲无奈地摇头苦笑，并未对我们严加惩处。一次，我偶然从母亲枕下翻出了《红楼梦》，就暗自囫囵吞枣地读起来，书中宝玉挨打的情节和各种美食，在脑海中挥之不去，朦胧地感到书籍中的世界很精彩，于是对阅读产生了一种迷恋的情感。进入中学后，学校有一个小图书室，家里又订购了《中学科技》《美术》等杂志。从此，阅读书刊成为我少年生活的重要组成部分，我从这些书刊中获得了许多教科书上没有的知识。参加高考时，虽然数学、地理等科目我的成绩还不错，但我没有延续父母的专业，而是按照自己的意愿，迈入大学中文系之门。

大学毕业时，我的论文方向是意大利作家科洛迪的《木偶奇遇记》与张天翼童话的比较研究。当我带着这篇得了优秀的毕业论文兴致勃勃去一所学校求职时，校方却说：学校不设童话课程，只需要一名古代汉语教师。由此起步，我从事的职业一直都与中华古籍密切相关。

任教期间，我有幸获得了去武汉大学中文系学习古代汉语的机会。武大中文系的优良传统，得力于一代代学人的精心打造。如黄侃教授师从章炳麟先生，在文字、音韵、训诂等传统“小学”研究领域取得了突出成就，他与章氏创立的“章黄学派”饮誉海内外，对武大中文系的学术研究风气产生了深远影响。在武大学习期间，我幸运地聆听到周大璞、夏渌、宗福邦、罗邦柱等先生讲授的传统“小学”课程，又跟随廖延唐先生系统学习了版本目录学知识。廖先生考核我们的方法较为特别，他让每位同学在纪晓岚主编的《四库全书总目》中各抽取一部总序与一类小序，再用现代汉语对其进行注释和翻译。我抽到的是子部总序和杂家类小序。在完成考核作业后，我对子书有了些粗浅的认识。与经、史、集三部之书相比，子书内容非常庞杂。子书最初是指各学派思想家的著作，如《荀子》《管子》《老子》等儒、法、道各家之书。随着时代的发展，子书的范围不断扩大，兵家、术数、类书、小说等类书籍占有相当多的数量，农家、医家、天文算法、谱录等类与科技有关的书籍也有不少。另外，子书还包括书画、琴棋等艺术类书籍，同时还收录释家（即佛教）、道教等宗教类书籍。而杂家原为诸子百家中的一个学派，《吕氏春秋》为其代表作。但清代的杂家类已“无所不包”，不限于一家之言。如墨家与儒家在先秦并称显学，但墨家因长期受冷落，以至于后来书少不能成为专类，只得并入杂家。总之，中华古籍中的子书，大致相当于今天哲学、宗教、科技和艺术等门类的书籍。

结束了在武大的学习，我调入具有百年历史而又收藏宏富的南京图书馆工作。刚进馆时，我担任古籍书库管理员，工作间恰好在潘天祯先生办公室隔壁。当时《中国古籍善本书目》尚未出齐，潘先生任这部书的副主编，南图则承担了子部的编纂任务，全部稿件自然由他负责审核。潘先生平易近人，为了帮助年轻同志成长进步，他会安排一些核书、校稿的工作给我们，这样的经历使我进一步加深了对子书的认识与理解。后来，《中国古籍总目》编纂工作启动，南图仍承担子部的编纂任务，我有幸参与主持完成了这项艰巨的工程。《总目》由全国古籍整理出版规划领导小组主持，经过数百位专家学者20年的调研整理，在历史上第一次摸清中华古籍家底约20万种。《总目》子部在传统分类基础上，新增了诸教和新学两大类。诸教类著录道家、释家以外的宗教书籍，分设基督教、伊斯兰教、民间宗教三属。新学类著录19世纪至20世纪初介绍外国近现代思想文化、科技成就的著作，此类由天津图书馆同仁编纂。另外，道家与释家类著录道藏、佛藏全藏及所有子目，既便于检阅，也可体现子书全貌，这两类也与传统综合性古籍书目明显有别。2007年，“中华古籍保护计划”正式启动，我连续参加五批《国家珍贵古籍名录》子部评审工作。随着评审工作的不断深入，陆续挖掘出一批过去鲜为人知的珍贵古籍。如在首次公布的古籍普查重要发现中，河南私人所藏明代金陵本《本草纲目》，南京图书馆藏宋刻本《乖崖张公语录》《龙川略志》及《别志》等，都属于子部珍贵古籍。

由于各种机缘巧合，我与子书接触较多，因此平时撰文也时常涉及子书知识。如日本谷村新司在上海世博会演唱的歌曲“昴”，被主流媒体译成“星”。我在报纸上发表了《昴——古字“新”意》一文，试图引起公众对传统天文知识的关注。另外，我还发表了《和谐考》《龢与和——和谐之美探源》《论南京敦煌两地佛教艺术之关系》《19世纪初：中国“新学”的起点》等文，涉及音乐、美术、宗教、新学和诸子思想。目前，我正参与《中华医藏》的编纂工作，又为《中国珍贵典籍史话丛书》撰写有关类书的史话。相信在以后的人生路上，我还会有更多的机会，与子书相遇结缘。

作者简介：徐忆农，女，53岁。南京图书馆研究部（国学研究所）主任，研究馆员。

我与中华古籍的情缘

俞　冰

我与中华古籍有着两次悲欢离合的情缘。

所谓“情缘”也者，当为“情”与“缘”两者统称，“情”大略是主观的心理趋向，自始不变，而“缘”却是客观的不由自主的宿命巧合，捉摸不定。“情”因有夙世缘分而愈笃，“缘”则由不了情结而弥坚。

31年前，才出大学校门的我，经老师介绍，来到紫禁城西侧，北海团城湖畔，彩虹双桥飞渡之处，绿树婆娑掩映中红墙绿瓦的北京图书馆（现国家图书馆）。一路走进北海南门，迎面跨过汉白玉石拱桥，站在北海琼岛南岸，回望横跨中南海和北海两片水域之上东侧南侧两座拱桥，恰似两道彩虹，飞跨碧波，它是按照李白诗句“两水夹明镜，双桥落彩虹”意境营造的。步入毗邻的北京图书馆，殿宇恢宏，左穿右折，扶梯回转，曲径通幽，来到珍藏国宝善本的地下书库，扑面而来一股樟脑的沁香，啊！原来这就是所谓的书香盈袖吗？一种肃穆和敬仰之情油然而生。一位陈老先生，约莫六旬，儒雅而谦和，背微微弓着，盈盈地笑，低声款款，为我一个晚生后辈娓娓讲述着善本古籍的故事，《四库全书》，宋元孤本，环顾四壁，琳琅满目。陈老还特别为我取出一册《永乐大典》珍籍，我清楚地记得是“门”字部，讲述中国古代各式各样门的款式造型，大大的开本，工楷抄录，朱墨粲然，手绘图案，极致工巧，绵软的质地中泛着暖暖的白色。据说，这本《永乐大典》是刚刚从山东农村农户家中觅得，其中一部分已经被农妇纳鞋底子扯掉用了。陈老一路引导我迂曲漫步于书架之间，一路讲着，一路笑容可掬，映衬着阅览台上那老式绿玻璃罩台灯流曳的莹莹光线，浑然一幅“课徒图”。这种氛围，对于我一个出身书香世家的年轻人来讲，那种心灵的契合，那种情感的触动，那种灵魂的升华，一生不能忘怀，至今想起，恍如昨日。

在那以后的几年中，我每天眼中看到的都是有着几百年历史的珍贵典籍，与古人对话，生思古之幽情；手中摩挲的尽是前辈先生们手工编制的目录卡片，字迹隽永；每有疑难，辄向身边的先生，版本专家请疑问难，耳提面命，如沐春风。20 世纪 80 年代，我就是在这种物欲尚未横流的生活气氛中，追求着一个书香子弟的清梦。终因造化弄人，我由于呼吸进了大量古籍中的螨虫，罹患过敏性哮喘，不堪支撑，遂怀着不舍，怀着遗憾，离开了文津街这座宫殿花园式的北京图书馆，离开了教我带我的师友们，离开了我曾经拥有的插架古籍。当时先生们戏言:“祖师爷不赏饭！”徒唤奈何？此后，倏忽十余年间，我从事了与古籍有些关联的专业方志的编纂工作，走过了我的 90 年代，一直到了 2002 年初。

世纪之交，年逾不惑，当命运让我再次选择工作时，我又毫不犹豫地选择了图书馆——这个知识的渊薮、学术的津梁，又重新投入到中华古籍的怀抱，从事古籍保护工作。我的过敏性哮喘居然神奇般的好转了，是它赎回了我，抑或我追随着它。老人常说“三岁看大，七岁看老”，在我的记忆中，似乎从记事起，看到的就是家里三面环绕的红木书柜和大小错落的书箱，工作以后又沉湎于瀚海，游弋于汗牛充栋的古籍中，30 多年职业生涯中，日披卷帙，衔英咀华，编纂古籍目录，走笔于方寸之间，始则亦步亦趋，蹒跚学步，终则渐渐游刃其间，手挥目送，以至于三更灯火，不知秦汉，无论魏晋。是古籍把我和外面的世界隔绝开来，是古籍的魅力始终吸引着我，最终聚散依依，再度牵手，辗转又回到了图书馆古籍工作中来，从事这一事业，这未尝不是一种“情缘”，而情之所起，缘定三生，情之所钟，终其一生。古人云“腹有诗书气自华”，良有已也，感谢古人典籍滋养了我，

感谢盛世福荫重圆了我的古籍梦。

作者简介：俞冰，男，55岁。中国艺术研究院图书馆典藏阅览部主任，研究馆员。

也谈“善本”以及加强善本书的保护

王玉良

从1978年筹备编辑《中国古籍善本书目》开始，一些人对什么是“善本”展开了长时间的讨论，似乎越论越离奇。我见有人发表《善本简论》，动辄六七千言，似乎是谈论什么理论和学术问题，空洞概念化成分过多，而联系善本书的实际却很少，不知这种议论有多大意义。

“善本”一词由来与演变的有关资料不少，比较好说。它始于宋代藏书家和官府藏书机构，把经过校勘审订、内容无误的书称为“善本”。其实，也可以追溯到一千多年前的汉代，当时官府用各种本子校书，最后写成“定本”。虽叫法不同，但是一个意思。

到明清以后，存世的古本、宋元刻本日渐稀少，于是除校订的善本之外，加上了时代较早的所谓“旧本”和罕见之本，也成为善本。近代注重科技工艺，便把纸墨精良，刻印、装潢技法具有特色的珍本，也称之为善本了。

对于时代早晚的界定，随着社会进展的加快，其标准变更也很快。清代学者大多只注重宋元版书，明版书因为生产流传得较多，并不被看重。到近代，善本下限标准从明嘉靖朝划线，逐渐下延到明末。20世纪30年代以后，开始重视清初（顺、康、雍）刻本，到现在又下延到乾隆朝。这是根据国家制定的有关文物法改的，这样距离到清末也仅有百年时间。终有一天，古籍都成了善本，“善本”之说也就不存在了。所以说时间界限不能视为一条硬性标准。

古本、宋元版本除外，明清两朝版本数量较大，在“提善”工作中，必须严加选择。譬如明代司礼监太监刻印的经厂本，明末各地图书市场书坊粗制滥造、内容迷信低俗的劣本，以及所谓三朝（宋、元、明）版刷印的邋遢本等，这些书早已定为“恶本”，就不能以时间早为理由，再定成“善本”。反之，应着重选择清代著名学者整理传统文化的研究成果。北图赵万里先生生前讲版本时，对宋元精刻赞叹崇敬得无以复加，而又经常“顾校黄跋”不离口（顾校黄跋指：顾广圻精通校勘、训诂、目录学，曾为孙星衍、张敦仁、黄丕烈、胡克家等主持校刻古籍，每书后附“校勘记”，为学者称善；黄丕烈为乾嘉时大藏书家，藏宋版书百部，称“百宋一廛”，他每观所藏书，多作题跋，述古书源流及读书心得甚详）。赵先生多次强调，清代学者学术研究价值高，绝不能以年代近而忽略。

下面谈加强善本书的保护。我国历代官府和私家藏书都特别重视图书安全和保护问题。天灾人祸和战乱，构成了图书文物存续的最大威胁。我们老一代图书馆工作者就经历过抗日战争文物、善本图书南迁的事。20 世纪 60 年代，为防备“苏修”发动战争，我们也曾有善本书战备装箱达十数年的经历。这些大的意外事件，当然是应由政府总体规划考虑的事。具体到图书馆本身，也应把安全问题放在首位。就是要加强善本书库的安全管理，制定完善措施，做好防火防水防盗防破坏等工作。另外就是善本书的保护保养，如装修、做书套、避免频繁移动等，采用各种科学措施以维护善本书的寿命，也是极其重要的。北图 1949 年接收的《赵城金藏》，因战乱年久失修，长期存放在潮湿的煤矿里，大部分经卷已经受潮粘连在一起，无法展开。北图善本部延聘九位装裱技师，经过十几年时间，终于将四千多卷受损的金代佛经，整旧如旧，恢复了它们的原貌。这是古籍保护的典型事例，是北图善本部门取得的一次辉煌成绩。北图还藏有举世闻名的敦煌写经、《永乐大典》和大量宋元版书等珍藏，都需要加以最好的维修保护。

20 世纪五六十年代，由赵万里、陈恩惠两位先生具体筹划，将需要维修做套的善本，分别登记造册，按计划进行装修做套工作。对甲级宋元版书，交付给两位手艺最好的老师傅，提出装修方案，使用最好的名贵材料，精工细作；对开本小的书，加衬纸做成金镶玉装；经部、史部书多用韧性强的蓝色库磁青纸做封皮，显得庄重典雅；有的集部女诗人诗集，用浅绿色或浅粉色洒金蜡笺纸做封皮，像给美女穿上一件华丽外衣，表现了设计者的匠心。每当这些珍本展出，都得到观众的交口称赞。书本装订好以后，必须做书套加以保护，按等级分别做布面六合套或锦套。最好的做楠木书匣，内附两片樟木夹板，把书装入匣中。即使放到水里，因严丝合缝也不会进水受潮。这些精湛的手艺可说巧夺天工，达到了人间极致。让我们永远缅怀这些先辈，以他们为榜样，兢兢业业，努力做好祖国和人民交给的光荣重任。

作者简介：王玉良，男，79岁。国家图书馆副研究馆员。

“随侍”古籍的使命与职责

朱赛虹

1977年，我进入故宫博物院图书馆工作，馆址在寿安宫——清乾隆帝生母孝圣宪皇太后颐养天年之地。先是有感于这里静谧宜人的环境，继而欣赏到四季变幻的草木，之后便沉醉在连楹充栋的典藏之中。大自然、古建筑、古书三者构成的独特“气场”，使我的定力日增。

故宫的古籍善本特藏传承有序、源远流长，除去南迁、外拨各15万余册，今存仍60万余册（件、幅、块、包等）。历代佳刻名钞、图档写经、民族古籍、镌版旧照等等，品种繁多，极富特色。能随侍在这批宝物左右，既感人生大幸，更觉职责重大。38年来，拂尘清理、编目著录、整理编校、求索解疑……眼观手触，结缘甚深，获益良多，约略成什。

一曰修复　这是传统的手工技术岗位，由肖福安和杨淑芳两位相承的师傅带我。经刻苦学习和实践，我掌握了相关技艺和理论，得到大家好评。11 年中先后修复了虫蛀、鼠啮、糟朽、霉烂等清宫善本千余册，另装订数千册，制作《乾隆二十五宝玺》礼书等。师傅们陆续退休，因见传统技术濒危，《中国文物报》特约编审刘北汜先生嘱我无限期连载修复技术，连载后又嘱我扩充成书，于数年后出版《古籍修复技艺》。该书结合师传与探索，将技法分解细化，被数家院校选为教材。能为古书"治病"而使其增寿，不仅仅是技能，更是一项历史使命。

二曰保洁 古建筑做库房是故宫特色之一。古建门窗的密闭性不如新建筑，在 20 世纪 90 年代地库建成之前，每年春天定期除尘保洁是例行工作，大家穿上蓝大褂，戴上口罩，把古籍捧到室外除尘，再逐架保洁、放樟脑。这些现在看来未免落后、笨拙的方法，曾在古籍保护中发挥了重要作用。

三曰排卡 按领导指派，我还做了 10 年目录组织工作。受到"文革"影响，当时古今图书卡片混排，我按正规做法，拟定了《目录组织规则》，将古今图书分开，各按繁简字体编排，分类则"四部法"和"中图法"各异，外文书则各循其例。数年分类排卡、建导卡、写屉标，熟悉了业务和馆藏，也了解了古今中外图书体系及版本，解答了诸多咨询。

四曰编目 古籍编目有详略之分，多年实践的感受和体会是，简目不等于简单，编目不仅是按规则著录，更是探索研究的过程。简目如何著录更精确？详细编目如何揭示更充分？能否科学运用目录学理论？皆体现编目层次和功力。读目录由此成为一大爱好，不断领略它们在图书馆职能和治学中的巨大作用。

五曰清理 2004年，我奉命兼任行政管理岗位，第一项“工程”就是清理各角楼和城楼上封存了半个多世纪的雕版，这是一宗数量可观的文化遗产，充满未知和挑战，调研、探索、论证贯穿全过程。经全馆同仁连年艰苦努力，24万余块堆垛无序的镌版，历经搬运、除尘、分类、编目、数次迁徙、排架等数次大小“战役”，终于整齐有序地排列在具有防潮、防尘、防震等功能的特制板架上。6年中苦乐杂陈，使命感愈强。

六曰核查 按照本院“文物清理七年规划”的要求，组织落实“账、卡、物”三核对。将最后两万余册未编书著录入账；按文物要求，逐一核查古籍善本特藏35万余册，逐册建立电子账，终于彻底摸清馆藏“家底”，这对国家级博物馆和古籍重点保护单位来说意义重大。

七曰展示 图书馆曾奉命筹办2005年故宫80年“院庆”大展，我作为策展人，策划了图、物、档结合的《盛世文治——清宫盛世典籍文化展》，展品1.4万余件。以雅俗共赏的宗旨，分为琅函秘笈、典学治道、稽古右文、佛道同辉、梨枣飘香、锦囊翠轴六大主题，将场景、器物、书画以及刻本与钞本、版画与绘画、印本与雕版等全方位立体展示，得到社会各界广泛赞誉。接着又赴澳门主持《永乐文渊——清代宫廷典籍文化艺术特展》，策划《心清闻妙香——善本写经展》等数个专题展览，皆同时推出图录。中断50余年的展览传统终于恢复，共享传统得以延续。

八曰保护 按照国家古籍保护中心部署，在清理核查等工作十分繁重的情况下，仍积极组织本馆落实各项任务，不断改善书库条件，开展孤善古籍数字化，修复重要善本，分批制作书函，申报并入选首批“全国古籍重点保护单位”，申报并入选三批《国家珍贵古籍名录》的善本碑帖共177部，皆为责任感使然。

九曰编纂 长期与古书打交道，最大的感慨是中国古文献的浩瀚与难检，为此耗费大量时间和精力。出于图书馆员的职业习惯，编制检索工具书或孤稀特藏史料，如《清代御制诗文篇目通检》《故宫博物院藏清宫陈设档案》《清宫武英殿修书处档案》等。为他人做“嫁衣”成为我一大乐趣。

十曰探索 在日常眼观手触中，发现与探索未知伴随始终。20年前，在人们认为古书装潢“无关要义”的情况下，我撰文《从装潢看版本》等；在人们对殿本尚不够重视的情况下，又撰《清代内府刻书研究》，编著《清代敕修书籍御制序跋暨版式留真》等，发表论文70余篇，主持完成国家整理出版项目、院级科研项目和课题多项。

古籍工作是系统工程。与宝物打交道多年，岗位不断变化，典守初衷不改，敬畏之感日增，“随侍”心态依旧。古籍给予我无穷的知识，无数的启示，无限的动力和探索空间，而我给予它们的太少，当以余生和来生继续效力！

作者简介：朱赛虹，女，59岁。故宫博物院图书馆研究馆员。

我与中医古籍

张华敏

还记得年少时，怀揣一颗求知若渴的心，在忐忑中走进中医药学堂，私窃忖度着每一片树叶都会摇曳出先辈的教诲，每一块砖石中都埋藏着人生的哲理，而这些无限绮丽的珍宝都静静地等待着收集。《黄帝内经》《伤寒论》《金匮要略》《温病条辨》四大中医典籍中对传统医学理论思想的记载，启迪中医临证辨治，犹记彼时，枕边、案头上堆叠着的中医典籍。

在研读、吸纳这些经典理论的同时，我也在领略先辈们沉博绝丽的文词，并逐渐地开始触及先贤之远见卓识。对于病症的预防、治疗方法，虽起自汉唐，至今犹未衰，仍是脍炙人口的效验之方。而对于我等今人来说，只有先脚踏实地地继承中医典籍内所遗留给我们的经典理论，才能有立场、有见地地去扬弃、去褒贬，从而更好地继续今后的传承发扬与创新。从根本上说，中医药古籍是当代中医药学继承和发展的源头，对其保护是继承发展中华民族中医药宝贵遗产的重中之重。饮水当思源，无论我们科技发展到何种程度，如果离开典籍文本的研究，没有从根本上还原古籍中所论述之史实，而是在后辈一代代擅自篡改的基础上做出研究，恐怕只会渐行渐远。唐人、宋人对《黄帝内经》《伤寒杂病论》的一些个人性擅自改动，就已经使明清以及后世医家的研究处于进退维谷的困境；与此有云泥之别的对中药类古籍的保护则值得后世学习与效仿。

2007 年我调入中国中医科学院中医药信息研究所，开始了我与中医药古籍的不解之缘。古籍资源研究室是我一直负责的部门。接手工作之后，我备感压力，如何保持中国中医科学院图书馆在国内行业的领先地位，把中医药古籍的保护、整理与挖掘工作扎扎实实地做好，是摆在我面前的重要课题。中国中医科学院图书馆馆藏中医古籍 5000 余种 60000 余册，包括珍善本医书两万余册。作为专业图书馆，我们围绕着中医古籍的保护与利用，陆续开展了系列工作。在古籍原生性保护方面，通过改建书库、增添设施等手段改善藏书环境，书库全部装有恒温恒湿空调和防火防盗系统，达到了国家标准《图书馆古籍书库基本要求》。我馆先后选派古籍修复人员学习先进技术，几年来修复挽救已经或濒临损毁的古籍 2000 余册。在同事们的共同努力之下，2008 年中国中医科学院图书馆被国务院批准成为首批“全国古籍重点保护单位”；2009年又先后被批准成为“国家级古籍修复中心”和“全国中医行业古籍保护中心”。

在古籍再生性保护方面，在老馆长薛清禄研究员的带领下，中国中医科学院图书馆开展了《中医古籍孤本大全》的选编与出版工作。此外，我馆在20世纪90年代初期就采用信息技术对中医古籍进行整理开发，这在行业内是起步较早的，我们开发的“中医古籍阅览系统”成为数字中医古籍资源利用的窗口，目前正在升级研发中。我馆还先后开展了中医古籍的保护技术、古籍珍善本的挖掘、方志内容整理、中医药古籍科学分类等系列研究工作，在中医药古籍保护研究方面居行业前列。我馆还承担了中医典籍申报《世界记忆名录》的工作。2011年5月23日至25日，我与裘俭在英国曼彻斯特参加了联合国教科文组织世界记忆工程国际咨询委员会第十次会议，见证了中国申报的中医古籍《黄帝内经》和《本草纲目》入选《世界记忆名录》。这一刻，历时四年的追踪工作有了结果，我们流下了激动的泪水，为中国传统医药档案文献进入世界记忆工程而自豪。这一成就，对中医药走向世界必将产生广泛而深远的影响。

八年来，我和古籍资源研究室的同事们用汗水、泪水，换来了收获的微笑。中医古籍是中医药学术的载体，它以图文的形式记录了中医药数千年的丰富理论知识与临证经验。如何用现代科技手段挖掘古人留下的财富，为当代人类健康服务，是我与同仁一直在探索的问题。八年的古籍整理工作让我深刻体会到中医古籍保护迫在眉睫。除了综合性图书馆外，大多专业图书馆的古籍保存条件较差，缺乏专业人员的整理和保护；很多珍贵古籍被束之高阁，破损严重；古籍保护整理队伍难以满足古籍保护工作的需要，中医药行业图书馆从事古籍保护整理、受过图书馆专业教育的人员极少，从业人员多数为中医学专业出身，他们需要在实际工作中逐步掌握古籍保护与利用的理念、技术与方法。此外，图书馆属于清水衙门，待遇比较低，很多专业人员不愿意来图书馆工作，导致图书馆各个部门人员不足，古籍部门更是如此。这就要求有关部门更加注重提高从事古籍保护工作人员的福利待遇，让大家安心于古籍工作。对于我个人而言，在古籍面前所要秉承的是一颗教徒般的虔诚之心，这是我做事的第一准则。今天，尽管科技环境有了快速的发展，人类对人体、疾病的认识也较前辈有了极大的突破,但这都不能成为我们个人凌驾于古籍之上的借口。尊重古籍，尊重先哲，是我在多年古籍学习、保护工作中得到的最值得珍视的收获与经验。

近年来，随着国家对古籍保护与利用工作的日益重视和支持，行业内外在中医古籍保护方面做了大量有益的工作，这对于中医药古籍的保护、整理与挖掘工作，既是前所未有的机遇，也是艰巨的挑战。如何把握机遇、迎接挑战，把中医药古籍的保护、整理与挖掘工作扎扎实实地做好，是中医药图书馆当前面临的重要课题。作为保护行业第一线的工作人员，深知古籍保护与发掘利用是一项长期而艰巨的任务，责任重大，我将认真履行职责，竭尽所能为中医药古籍的保护与利用尽自己的绵薄之力。

作者简介：张华敏，女，41岁。中国中医科学院中医药信息研究所副所长。

问渠那得清如许　为有源头活水来

——记我从事古籍工作的几件事

刘　冰

从事图书馆古籍工作20余年，从最初懵懵懂懂入行，到渐渐地开始了解、喜欢、热爱自己的工作，时至今日，古籍工作已成为我心中一种不能割舍的情怀。我所供职的辽宁省图书馆，有丰富的馆藏古籍及几代古籍工作者努力下形成的良好业务传统，非常适合古籍工作的开展，也为我的成长奠定了良好的业务基础。工作中有幸得到许多老师、前辈的无私帮助，答疑解惑，指点迷津，使我受益匪浅。

一

2008年金秋，我有幸参加了国家古籍保护中心举办的第二期全国古籍鉴定与保护高级研修班的学习，正值杭州城气候最宜人的时节，授课地点在杭州孤山脚下、美丽的西子湖畔的浙江图书馆。“中华古籍保护计划”实施之前，全国从事古籍整理工作的同行鲜有学习培训的机会，尤其是公共图书馆的同行，大多接触的只是本馆的藏书，业务授受于本馆先生，固然传承有自，然视界也不免过于狭隘。此次研修班，国家古籍保护中心聘请了一批长期在一线从事古籍整理与鉴定的专家、学者授课，老师来自公共图书馆、高校、科研院所、出版机构等不同系统、不同领域，还专门聘有私人藏书家。丰富的授课内容，对有着强烈求知欲望的我来说，就如步入到古籍知识的百花园，姹紫嫣红，美不胜收。课堂上聆听他们对古籍版本鉴定的高深见解，分享他们古籍版本鉴定的丰富经验，开阔了视野，丰富了我的古籍版本知识。

研修班最后是实践课，也算是结业考试吧。指导教师是浙江图书馆首席专家童正伦先生。课上童先生给每名学员发了一部没有著录的“裸书”，让我们来完成一篇版本叙录，考查我们的版本鉴定水平及叙录写作能力。我分到了一部清刻本《南宋杂事诗》。该书是清代沈嘉辙、吴焯、陈芝光、符曾、赵昱、厉鹗、赵信七人采摭故实，以及歌咏南宋杭州150年史事之作。这个版本是老师精心挑选的，既有初刻之版，又有后期补版刷印，书上还有后人的批校题跋，是颇能检验古籍鉴定能力的一部书。我认真目验原书，分析版本特征，查阅相关资料，在童老师的精心指导下，顺利地写成了一篇叙录。这部书的书名页镌刻“暨阳味经堂藏板”，卷六、卷七末镌刻有“嘉善刘子端手录，武林芹香斋摹镌”。通过查阅作者之一赵昱的《春草园小景分记》，得知《南宋杂事诗》在清雍正元年（1723）、二年间，还在写作中，再结合书中的避讳字情况，我将此书版本定为清雍正武林芹香斋刻乾隆补刻嘉庆暨阳味经堂印本。《南宋杂事诗》的初刻时间，以往未有定论，邵懿辰《增订四库简明目录标注》曾误定为康熙中刻本。在学员作业点评环节，童正伦老师特意讲到了我的这篇叙录，认为在版本审定环节上推翻了前人的意见，得出了一个更为明确的版本结论。因此，本次培训班实践课唯一的一个优秀奖授予了我。同学们开玩笑说我是这期研修班的“状元”。欣喜之余，感触更多的是多年来老师、前辈的无私帮助，为我打下了良好的业务基础；也特别感谢童老师此次的精心指导，让我对古籍版本又有了新的认识。研修班学习已经过去六七年时间了，之后也没有再见过童正伦老师，但我还是会经常想到童老师指导实践课的样子。

研修班后，我对《南宋杂事诗》版本又进行过研究，并有新的发现。“武林芹香斋”实为杭州刻书铺名，非刻书者堂号，刻书者应为作者之一的赵昱小山堂。

二

2010年，我又幸运地参加了文化部组织的第三批《国家珍贵古籍名录》的评审工作。能去参加名录评审工作，一方面是国家古籍保护中心想要在《国家珍贵古籍名录》评审中带一带年轻人，另一方面也有让我陪同照顾参加评审工作的我馆老专家韩锡铎先生的原因，他身体不太好。当时，我虽然已从事古籍工作近20年，但参加评审工作的专家很多为从事古籍工作四五十年的老先生，我是仅有的几名40岁上下的年轻人之一，与老先生相比，我只能算是一名小学生，业务上还存在很大差距。初次参加国家级古籍评审，一起工作的又多是业内大家，心中难免忐忑，因此不断在内心叮嘱自己，要多听多看，少发表意见，担心因自己肤浅的见解而贻笑大方。我被分到集部评审组，我们的组长是中国社会科学院语言所的杨成凯老师，他也是著名的藏书家。我之前听过杨老师讲课，明清版本系统梳理得非常清晰，内心很是佩服。当时课上杨老师曾给大家推荐了一本参考书，台湾学者李清志的《古书版本鉴定研究》，因为之前我就特别喜欢读这本书，所以印象非常深刻，内心自然更亲近了一些。在这个组里还有中华书局的许逸民先生，辽宁省图书馆韩锡铎先生，北京师范大学韩格平先生，国家图书馆古籍馆陈红彦先生、程有庆先生，个个都是业内响当当的人物。年轻一些的只有复旦大学的王亮和我。集部有近3000部书参评，要经眼每一个书影，听取先生们就每一部书的取舍给出的意见，简直是可遇而不可求的机会，这对我来说就是一堂别开生面的版本鉴定实践课，收获之大可想而知。

在这次评审中，有一部八卷本《楚辞》，上报的版本是明正德十六年冯惟讷刻本。审看书影时，我感觉不太像是明代正德时期的刻书风格，怀疑这个版本有点问题，但面对那些德高望重的老先生，不敢轻易发表自己的意见，担心自己的感觉不准确。在中午休息时，我抓紧时间查了一些相关资料，确定刻书者冯惟讷所刻书大多在明嘉靖时期，且明正德十六年（1521），冯惟讷年龄只有七八岁，这更加深了我的怀疑。下午评审开始，我就把这个情况向组长杨成凯先生进行了汇报，杨先生又吩咐工作人员调出了《楚辞》的书影，进行了重新审定，并同意了我的意见。后来杨先生在评审组长碰头会上向主任李致忠先生说起这件事，表扬了我。李先生为年轻人能在评审中发挥一点作用，感到很高兴，说了鼓励的话。集部评审工作组的老师都很关心我，私下都告诉我老先生们表扬我了。我也非常欣慰，增长了见识，学到了知识，也为《国家珍贵古籍名录》评审工作做出了自己一点点贡献。在杨老师的鼓励下，之后的评审工作中，我也增加了自信，能更多地发表自己的意见了。

这次评审之后我又参加了第四、第五批《国家珍贵古籍名录》的评审工作。通过几次参加评审工作，积累了经验，我也成功地组织了我省的名录评审工作。

三

2011年，我又有机会去北京参加了第一期古籍普查与《中华古籍总目·分省卷》编纂研修班学习。这次学习中，我被推选为班长。在研修班学习中印象最深的就是上李致忠先生的课，李先生为我们讲授古籍版本鉴定课及指导撰写版本提要。李先生身材魁梧，声音京腔京味，抑扬顿挫，每每娓娓道来，幽默风趣。讲课从不准备稿子，海阔天空，极具感染力。同学们都非常喜欢听他的课，让我们对古籍版本产生许多新的认识，许多百思不得其解的版本问题，先生一两句话就为我们点破了那层多年不透的窗户纸，内心豁然开朗，这正是有一定基础的古籍工作者最需要得到的帮助。

在指导我们撰写提要的过程中，李先生精心挑选了20余部古籍书，让班长发给大家进行实践。因为我组织发书，就由同学们先选，很多同学都选了自己熟悉的古籍书，如《楚辞》《文粹》等。我最后选书，这时可供选择的书也不多了，不过我觉得能亲自得到李先生指点的机会太难得，就想选一部自己陌生的书，用心写一篇版本提要，请先生来检验我的版本鉴定水平及提要写作能力。于是，在剩下的最后几部书中，我选择了一部从未见过的《铁桥志书》。在撰写版本提要的过程中，我对著者又有了新的发现。《铁桥志书》卷端镌有“广陵后学梁于涘饮光选、郑元勋起宗阅、宗灏开先较”。下卷端镌有“黔楚门人扶刚允常选、周祚新又新阅、潘驯骏公较”。书中刘士桢《游盘江铁桥记》按语言及梁于涘死节之事，并附有梁氏绝命词：“但知人富贵，谁识死功名。到头成个事，方见古人情。”自己的绝命词断不能出现在自己的编著中，可推知此书成编当在梁氏身后。查阅《嘉庆重修扬州府志》，得知梁于涘，字饮光，江都人。明崇祯十六年（1643）进士，后任江西万安知县。南明弘光元年（1645），清军进逼，于涘闭城固守，城破被俘自缢，可印证此书非梁氏终编。经考证作者为铁桥建造者之子孙，清康熙时人朱潮远、朱紫二人。李先生在点评作业的时候，说我的这篇提要关于作者考证比较深入，有新的发现。能得到李先生的肯定，是我从事古籍工作以来非常值得高兴的一件事。李先生同时也指出我的提要格式不够规范，经由先生的指导，以后我撰写版本提要再也没有出现过格式上的毛病。

作者简介：刘冰，男，47岁。辽宁省图书馆特藏部主任，副研究馆员。

我与中华古籍保护的情结

刘家真

1982 年的初春，刚从武汉大学化学系毕业的我，被分配到武大图书馆学系（今武大信息管理学院），从事文献保护的教学与科研工作。作为改革开放后的第一届大学毕业生，同学们个个都是踌躇满志、摩拳擦掌，恨不得将积蓄了十年的能量一下子迸发出去，把所学的知识立即回报社会。那时的我真想在生物化学领域奔驰，朝我儿时梦想的化学家目标迈进。但那个时代的大学生是无权自由选择职业的，必须无条件服从祖国需要。当时的图书情报界的学科带头人张琪玉先生对我说，文献保护在国外研究得火热，主要就是给纸张脱酸。于是文献保护给我留下了一个关键词:脱酸。

在我到来之前，武大信息管理学院还有一位年长的教师从事文献保护的研究与教学。他是学习生物学的，拜望他之后，文献保护在我脑海中又多了一个关键词：虫咬鼠伤。

不久，我参加了人生第一次国际学术座谈会，与美国国会图书馆的一行专家讨论文献保护。除了聆听美国专家介绍纸张脱酸，并向他们请教一大堆的问题，我没有资本与他们交流。座谈会后，美国专家给我留下了一页保护文献的英文书目，从这里我又得到了与文献保护相关的更多关键词：管理、维护、修复等。

在没有电脑与互联网的时代，我将找到的这些英文文章与专著基本全部复印与翻译出来。随后我发现了一个问题，国外的文献保护讨论的不仅是技术，更多的是管理与维护。国内的相关研究与著作都冠以"技术"二字，似乎只有技术才能保护文献。当时国内几乎只有档案学专业才开设类似的课程，所用教材的书名基本全是"档案保护技术"，只是作者与出版社不同而已。那时文献保护的研究人员的知识背景多是生物学，也有化学专业的，鲜有其他学科专业背景的人员参与。修复作为最基础的实际工作，被认为是师傅带徒弟的活儿，研究修复的人则少之又少。至于古籍鉴定，压根就没人认为它与古籍保护可以挂钩。

20 世纪的 80 年代是个百废待兴的时代，也是新鲜事情层出不穷的年代。教育部（当时称为国家教育委员会）启动了改革开放后第一批由国家组织专家编写并资助出版的高等学校教材建设，选题名额有限，一般由教育部委任大腕专家做主编。武汉大学信息管理学院争取到几本，其中有一本关于图书与档案保护的教材，委任张琪玉先生作主编。这本书还没有组织编委撰写，张琪玉先生就离开了武大。离任前，先生亲笔写信给国家教委说明情况并推荐我为该书的主编，当时我仅是一个资历较浅的副教授，而这是档案保护技术类教材中可以冠以“高等学校文科教材”的第一本，我诚惶诚恐。

在得到国家教委的批准后，我利用这个平台与国内同行广泛交流，特别是在前主编张琪玉先生以及彭斐章先生、谢灼华先生与丁瑜先生的支持下，我将书名确定为《文献保护学》（1990年，武汉大学出版社出版），去掉了技术二字。在书中将“文献保护学概述”设为第一章，并在书中指出：文献保护已经不再停留在修修补补或只会使用几种设备的阶段上，文献保护的范围很广，它与日常的文献管理工作交织在一起，文献的鉴定、编目、上架、库内环境管理、借阅、复制、修复等都直接与间接地涉及文献保护问题。要硬性地划分哪些是文献管理，哪些是文献保护措施是比较困难的。保护文献需要科学的思维去指导，这个科学的思维方法是一个体系，除需要其他学科知识外（如化学、生物、气象、建筑等），更重要的还是图书馆学、档案学自身的知识（《文献保护学》的P15）。把时间拉回到现在，或许大家都会赞同这一观点，但当时这一提法不敢说是逆天，至少是胆大妄为的。特别使我感动的是，我的观点在审稿会上得到档案界同行以及人民大学的老前辈冯乐耘先生的赞许与支持。应当说，《文献保护学》的撰写吸收了大量西方发达国家的相关理念，与当时的时代发展脉搏一块在跳动。

另一个改变我学术研究轨迹的事情是文献保护录像片的制作。起初，只是为了丰富文献保护学的课程教学，在学校社科部的资助下我决定制作出版一部与《文献保护学》教材配套的录像片，将文献保护的实践引入课堂。这个主意在20世纪90年代初期还真有点创意与大胆，那个时代能够使用传统的幻灯片上课就很稀罕。在当时，全国各地很多图书馆、档案馆都支持这件事情，无偿地让我们拍摄与保护相关的工作场面，很多时候还专门找人为我们演示。一个多月的拍摄，使我们采集了大量鲜活的保护实例，经编辑，并配上生动的解说词和音乐光盘后，受到很多开设了档案保护技术或文献保护、图书保护课程的学校的欢迎。1996年，该光盘出版物（档案图书资料管理与保护，武汉大学声像出版社）获得了国家新闻总署全国优秀出版物奖。

编制录像片脚本、指导摄录以及后期剪辑等工作都使我兴奋不已，直到后来一发不可收地制作了多部教学录像片出版物，并都获得了省部级奖励。但真正触动我、改变我的不是这些刺激，而是让我发现了一个问题：书本与论文所论述的不少东西，对照实践却有较大差异，甚至有些地方还有错误或行不通的。很多久久苦思冥想不得其解的问题，实践中已有了解决方案，但却没人去总结、提高，使之上升到理论，或是使其成为经典案例再推广到实践中。在实践中我看到了太多、太多我过去不知道或不甚明了的事物，思路豁然开朗，无数可以探讨的课题、可能创新的观点都在脑海里翻腾！哈哈，我似乎觉得我可以开设点子公司了。自此之后，我改变了我的研究轨迹，无论在哪个领域做研究，我都会寻找可能合作的实践工作者，都会想方设法到实践中去发现问题或寻求答案。就是在古籍保护教学录像片的制作中，我接触到了很多古书与名画，至今我还记得那十八神仙卷与它的传承的故事；我接触到很多最基层的保护工作者，他们是那么的朴实、任劳任怨，拥有一双双回春的妙手。我感到我与文献保护研究之间开始擦出爱的火花。

1997 年，我作为访问学者到美国 Kent State University 访学，原定的课题就是纸张的脱酸保护，我希望将美国脱酸试剂的配方与技术带回中国，以解决中国纸质文献的酸化问题。我的美国导师是该校图书馆的馆长，见到我的第一面就问我，你真认为脱酸可以拯救纸书？她带我去图书馆各部门溜达了一圈，我看到有的部门的图书馆员在洗书，有的部门的人员在不断扫描书页。我还参观了气体脱酸。馆长说，在没有借阅任务时，他们就洗书与扫描，脱酸的方法很多都已经专利化。她顺手递给我一个装脱酸液的瓶子，然后说，扫描是图书的数字化工作，也是抢救与利用图书的一种办法。随后就让她的助手教我如何利用因特网查找资料，让我研究研究脱酸与数字化问题。那时的中国，即使北京、上海都鲜有人用 e-mail，哪谈得上网上冲浪。这是我平生第一次使用网上搜索工具检索文献，这种新工具令我夙兴夜寐，眼界大开，看到了对脱酸的各种不同的评价，发现了数字化在文献保护上的作用以及其本身带来的问题。在读完我的研究报告后，导师让我学习如何用 photoshop（当时最新的一种图片处理工具）修复图片与书页。尽管我的修复成果离她的要求很远，但这些工具的使用，使我深深感受到了文献保护发展的前沿，拓宽了我的研究方法与研究思路。

以上经历都是职业生涯中与文献保护相关的片段，要说它们对我的人生有什么影响，那就是使我的研究更加得心应手。文献保护工作中还真有那么一些事，让我改变了自己，使我对文献保护的研究痴迷，忘记了时间，忘了自己，整个心都被它占有了。我被中国古老灿烂的文化所震撼，以至于愿意用余生的微薄之力去尽情呵护她。

记得特别改变我的是在“全国古籍重点保护单位”评审过程中，我看到了那么多、那么多的传世古籍，不少我曾不予置信的神奇故事、历史纪实都被我眼见为实。记忆尤为深刻的是，我人生第一次看到国宝级的唐卡，在昏暗的藏经楼中它是那么的色彩绚丽、灿烂夺目。当我听完了她的故事，真想久久地匍匐在她的脚下。我目睹了新疆石印本《奇闻录》，它用图画将那些罕为人知的原始动物、植物、自然现象直观地记录下来。还有，国家图书馆古籍馆内许多形状与材质各异的古代记录……我感到自己真正地触摸到了中华传统文化，感受到了她的体温。她与我是那么的近又是那么的遥远，中华文明五千年的灿烂辉煌竟融合在浩瀚的古籍中。我爱上了中华古籍，她在我心中不再是一本书或一幅画，而是说不清、道不明的神秘与思念。她由此改变了我，当我用大脑思考保护古籍的方法时不再感到疲劳与枯燥，因为爱她的心在不断地为我注入兴奋剂与用不完的精力，使我乐此不疲。所有与古籍保护相关的研究成果都带着我对中华文化的挚爱与我的体温，我是在用心做着这一切。

我也是带着这份情感去撰写《中国古籍保护原理与方法》的，这是国家古籍保护中心委托的工作。张志清馆长对这本书的指令是，不仅要体现中国古籍保护的发展水平，还要让所有古籍工作者特别是馆长能够看懂，能够读后知道该如何干。著书立说、出版教材这类事对我并不难，但能否达到古籍保护中心的这个要求对我真是具有挑战性。这当中的关键是如何将文献保护的理论与新技术环境下的古籍保护实践紧密结合，使其既能体现出中国古籍保护的特色，又能够紧跟世界保护研究发展的前沿，与日新月异的技术发展保持同步，并可以直接用于实践。做自己热爱的事是不会在乎花费多少心血，也不会去计较得失的，何况在国家古籍保护中心的平台上，又有那么多古籍保护工作者的帮助。历经一年多的日日夜夜，这本书不久就要面世了。尽管尽心尽力了，但一定还会有待进一步完善之处，若你与我一样的热爱中华古籍就请直言不讳地将不足告诉我。我愿意为保护中华古籍奋斗不已，使中华古籍绽放的文化之花更加绚丽多彩，彰显强劲的中国软实力。

老骥伏枥，壮心不已。若要问我还有什么梦想，太多的梦想，但都围绕一个主题：保护中华古籍！

我期望能够有机会研究少数民族古籍的保护，利用有生之年探索其特殊的材质与保护方法。与汉民族古籍相比，那些用少数民族文字撰写的古籍留存至今更加不容易，它们从另一个角度记叙了中国的历史与文化。

我期望有机会能够再带博士生、硕士生，把我的研究方法与研究课题传授给他们，让他们可以继续为保护古籍而奋斗。

我期望有机会能够帮助实际工作者，让他们的经验凝聚为保护古籍的知识与可代代相传的技能，让更多的年轻人可以快速掌握，更科学地保护中华古籍。

我期望有机会……

对中华古籍挚爱的情感使我暮年焕发青春，太多、太多的期望与梦想等待我去实现。我要不断地学习、努力，使自己掌握更多的知识与技能，为了保护所爱不遗余力！

作者简介：刘家真，女，68岁。武汉大学教授。

六十年中医古籍保护回顾

薛清禄

我的职业生涯始于中医古籍。

1955年夏，从北京大学图书馆系毕业不久的我，被分配到正在筹建中的中医研究院（现中国中医科学院）图书馆工作。到职的第一项任务就是参加接收中央卫生研究院（后合并到中国医学科学院）的中医古籍书库，为中医研究院图书馆的成立打下藏书基础。从此，我和中医古籍结下半个多世纪的不解之缘。

倾力建设全国中医古籍藏书中心

中医研究院图书馆是我国第一个中医专业图书馆。初创时期，虽有卫生部指令调拨的原中央卫生研究院全部的中医藏书，但基础仍然薄弱，与当时中医研究院所承担的继承发扬中医药学遗产的历史任务不相匹配。因此，在建馆以后，图书馆便把藏书建设放在工作首位。我虽资历尚浅，却是馆里唯一学图书馆学的专业人员，受到领导的重视和信任，馆里的工作规划、计划基本由我起草。当时我提出建议：藏书建设必须突出重点，兼顾一般。所指重点，就是中医古籍。因为继承发扬中医药学遗产，继承是基础，没有继承，就谈不上发扬。而在继承上，古籍文献的继承又占半壁江山，因此，作为中医药学的专业图书馆的馆藏建设，必须把中医古籍置于核心地位，只有具备雄厚的藏书基础，才能有实力为医疗、教育、科研第一线提供优质服务。我的这一理念得到领导的支持和同事的认同，并在实际工作中逐步得到落实。

我馆决定把藏书建设的重点放在中医古籍之时，恰逢 20 世纪 50 年代古籍市场兴旺时期，有比较丰富的书源，也有比较畅通的收书渠道。当时无论是国营还是公私合营的书店，都经营中医古籍。我们抓住这一有利时机，和各地古籍书店建立广泛合作关系，凡有中医古籍，必先通知我们，由我馆优先选购，使我馆获得了中医古籍采购的先机。此外，当时国家正在大力宣传中医政策，社会上中医话题备受瞩目，不少人家中存有中医书，便直接主动找我馆联系出售事宜。我馆采取了一定的优惠措施，吸引了不少售书人，从而拓展了收书渠道。

除此之外，业内人士的献书对我馆的古籍资源建设也做出了巨大贡献。20 世纪 50 年代，在党的中医政策影响下，一些中医专家将个人收藏的中医古籍捐献给国家，其中最具代表性的人物是萧龙友和赵燏黄老先生，他们是中医药界的领军人物，德高望重、享有盛名，他们将毕生收集的珍贵医药典籍无偿捐赠我馆，发挥了示范和带动作用；“文革”后，我担任图书馆馆长，决定根据新时期的特点将献书工作制度化，制定献书奖励制度。从精神和物质两方面对献书者给予褒奖，同时加强与藏书者的联系，了解他们的需求与意向，为进一步落实献书工作做好前期准备。在长期沟通和我们的不懈努力下，相继进行的几项献书工作取得进展，其中最具影响力的当属医史文献学家、藏书家范行准先生的献书。范先生曾被誉为中医藏书家的巨擘，他一生爱书如命，却说“书物为天下公器”，并毅然将凝聚一生心血的“栖芬室”藏书捐献给我馆，这是何等的胸襟和气魄。为了回馈范老先生的慷慨捐献，我组织人力帮助范老整理出版了他以毕生心血撰写的《中国病史新义》，不仅了却了他的一桩心愿，也填补了我国疾病史专著的空白。

在我经历和经手的专家献书工作中，我深感这些专家的藏书水平非同一般，可谓各具特色、精品云集、熠熠生辉，为我馆藏书增加了浓墨重彩的一笔。如已列入《世界记忆名录》的金陵版《本草纲目》就出自专家献书。还有多部捐献古籍被收入《国家珍贵古籍名录》，在此不一一列举。更使我感动的是在与这些前辈学者的交流中，不仅让我获得书本上得不到的知识和经验，更可贵的是在他们身上展现的公益精神和对中医事业的执着与热爱，使我受益终身。

几十年来，在全馆上下齐心协力、锲而不舍的努力下，我馆的古籍藏书建设取得可喜成绩。至 20 世纪 90 年代，馆藏中医古籍达 3500 余种，版本数量达万种以上，基本建成了门类齐全的中医古籍藏书体系，为成立"全国中医行业古籍保护中心"打下了坚实基础。

中医古籍资源调查和中医联合目录的诞生

回顾大半生从事中医图书馆工作，投入时间最长、耗费精力最大的事项当属三次中医古籍资源调查和三本中医联合目录的编撰出版。此事自 1958 年开始进行，至 2007 年底《中国中医古籍总目》出版，整整跨越了半个世纪。我也由最初的一名见习者，成长为后来的主持者和主编，亲历了这三次中医古籍资源调查和三本中医联目编纂出版的全过程。

第一次中医古籍资源调查和《中医图书联合目录》的编纂出版

第一次中医古籍资源调查始于 1958 年，由中医研究院和北京图书馆合作进行，北京图书馆负责向全国各地区各系统图书馆征集馆藏中医图书目录，中医研究院负责后期整理加工、分类编排成册。这次调研收集到全国58家图书馆和两家私人藏书（范氏栖芬室、丁氏思补山房）提供的中医藏书目录。中医研究院随即组成了王雪苔、耿鉴庭领衔的编写小组，成员大都是医药学背景，学图书馆学的仅我一人。经过近三年对原始数据的整理归纳、核实辨析、分类编排，终于1961年成稿，定名《中医图书联合目录》，共收中医图书7661种。其中中医古籍4424种，1912—1958年出版的中医图书3237种，该书于1961年由北京图书馆印刷发行。

1961年版《联目》因受当时条件限制未能正式出版，但在中医目录学史的地位不容忽视。它是第一部以联合目录形式编辑的大型中医书目，它的中医图书分类表是第一个符合现代图书分类理念的独立的中医图书分类表，它的体系结构对中医古籍分类产生了开创性奠基作用，它的编排体例为1991年版《联目》和其后的《中国中医古籍总目》奠定了框架基础。

参加第一次中医古籍资源调查和第一本中医联目的编纂，使我对中医古籍的认知度得到迅速提升，像是在眼前打开一扇窗，千百年来的中医历史发展画卷在眼前展开，历朝历代传留下来的经典医籍，清晰标明了古代医家与人类疾病做斗争留下的足迹和取得的丰硕成果。这无声的教育和启迪，激发了我的责任感和使命感，指引我在中医古籍保护工作的道路上坚定地走下去。

第二次中医古籍资源调查和《全国中医图书联合目录》编纂出版

这项工作始于1978年。当时刚刚经过“文革”十年动乱，各地藏书单位受到不同程度的冲击和破坏，科教文化事业百废待兴。中医药事业迅速发展，整理研究中医古籍再次被提到议事日程。此时，1961年版《联目》已经问世近20年，无论是调研范围还是收录的内容都已跟不上形势发展的需要，我预感到在各种工作蓄势待发之际，应再一次进行全国古籍资源调查，扩大调查范围，重编1961年版《联目》，为中医药事业传承、中医古籍保护提供一部能够准确反映现实收藏分布情况的检索工具书。

这次资源调查，北京图书馆没有参加，由中医研究院图书馆独力承担。自1978年8月开始，我们向全国三大系统相关图书馆发函征集馆藏中医书目录，直至1985年，这项工作才陆续完成，历时七年之久。究其原因主要是因在“文革”期间有的单位合并，图书和目录尚未清理归位，也有的单位因“文革”破四旧，古籍作为四旧被封存没有清理编目。这些积压问题，在相关单位的努力配合下经过数年努力才得到解决。到1985年，我们共收到113家图书馆提供的馆藏书目卡片10万余张。经过编写组调查核实、整理归纳、分类编排，共得书12124种，全部收录于《全国中医图书联合目录》中，于1991年由中医古籍出版社出版。

1991年版《联目》在编写过程中，对各馆所提供的原始资料进行了认真的调查核实，向各参加馆共发出调函7500多封，回收率达到90%左右，编写组还先后派出500多人次进行实地调查核实，力求著录准确、分类恰当，减少错讹。

这次重编《联目》，主要解决的问题是：

——扩大中医古籍资源调查范围，调查面达到全国24个省42个市，收集到113家图书馆提供的中医书目数据10万余条，整理归纳出1949年以前出版的中医图书达12124种，收录了这些古籍在不同历史时期出版的不同版本28000多种。

——制定收书原则，调整收书范围，将收书断代定为1949年；对交叉学科边缘学科著作做出明确界定，凡不符中医学科学内涵者不予收录。

——制定分类原则，对中医古籍分类体系结构进行认真研究调整，确定了十二大类的三级分类体系。

——制定"《全国中医图书联合目录》著录条例"，严格要求著录事项和著录语言的规范化、标准化。

——强化书目的检索功能，完善参照系统和索引编排。

经过十年努力，《全国中医图书联合目录》在1991年出版，受到国内外学术界和广大读者的广泛关注和积极评价。如南京中医药大学图书馆赞誉该书"……是迄今为止收书量最大，收录面最广的一部大型专科检索工具，反映了建国前中医图书出版收藏和现存状况的全貌”。国医大师王玉川评价本书“目录整体结构反映出各种学派间的传承关系，具有很高的学术价值，不仅在古籍整理上能发挥巨大作用，在目录学研究上也达到国内一流水平”。时任国家中医药管理局副局长的田景福主任医师评价该书“……填补了一项空白，在古籍与读者之间架起了一座‘金桥’”。经过五年的读者应用检验，本书于1996年获得国家科技部、国家科委、中国科学院等五部委颁发的“全国科技系统优秀成果奖”二等奖。在国际上，日本文部省学术情报中心于1992年立项研究“和汉韩医籍国际综合目录实施可行性调查”，将本书列为该课题的重要参考书。1994年2月，召开该项目第二次学术报告会时，邀请我到会做了题为“《全国中医图书联合目录》编辑出版概述”的专题学术报告，并与到会的日韩两国学者进行学术交流。

第三次中医古籍资源调查和《中国中医古籍总目》的编纂出版

改革开放以后，随着国家经济的飞速发展，文化事业也迎来了多彩的春天。古籍作为国家重要的科技文化遗产得到高度重视，各地区各部门的图书馆纷纷清理馆藏，将多年积压束之高阁的古籍进行清理编目，发掘出很多过去不为人知的中医古籍新品种，同时也发现了一批中医古籍收藏单位。在这一新形势的影响下，中国中医科学院决定进行第三次中医古籍资源调查，增补修订1991年版《联目》，由我担任主编，主持调研编撰事宜。

这次中医古籍资源调查自2005年开始至2008年完成，历时三年半，调查范围覆盖了全国24个省56个市的各类型图书馆。收集到150个图书馆收藏中医古籍的书目资料。经过编撰组的整理核实、分类归纳，共得1949年以前出版的中医书目数据13455种，其中1911年以前出版的古医籍8663种，这些古籍在历史上出版过的各种版本约32000余种。全部书目数据均收录在2008年由上海辞书出版社出版的《中国中医古籍总目》中。

这次资源调查从启动到《总目》编辑出版，我始终以"资料收集的广泛性和书目著录的准确性"为努力目标，并据此制定详细落实措施认真贯彻执行，从而形成了该书以下特点：

——在资源调查的深度和广度、收书量的增幅上均有较大的突破，收录了一批未见史志记载或列入亡佚目录的珍贵医籍。

——收录了一批流失海外，国内已失传的古籍影印本、复制本。

——吸取了近年来中医文献学的一些研究成果，提高了书目数据著录质量，减少了错讹。

——尊重历史，反映文化发展的多元性，收录了被禁锢多年的祝由科和养生类的部分著作，客观反映中医文化的完整性。

通过半个多世纪陆续进行的中医古籍资源调查和三本中医联合目录的诞生，我们基本上掌握了中医古籍的存世状况和收藏分布情况，厘清了家底。我本人在这三次中医古籍资源调查中经受了锻炼、增长了见识、收获了知识、参与并奉献了三本中医古籍检索工具书，为古籍保护和中医药继承发展尽了绵薄之力。

保护抢救孤本医书　选编出版《中医古籍孤本大全》

在第二次中医古籍资源调查和 1991 年版《联目》编写过程中，我发现很多医籍在这 113 家图书馆中仅存一部，其中有些书很引人瞩目。如明刻本、明彩绘本、名家批校本、刻书底本、手绘本草图、经络图等，十分珍贵。虽未经调查尚不能确定其全都是孤本，但可以肯定其中一部分必定是孤本。这些书如遇保管不善或自然灾害，就有失传的危险。面对这样的问题，经过再三考虑，我认为应该迅速采取有效措施，对孤本医籍进行保护和抢救。此设想获得研究院领导的支持，遂拟定开展孤本医书调查、选编《中医古籍孤本大全》的方案，以“全国中医药图书情报工作委员会”的名义呈报国家中医药管理局，获得了批准。

孤本医书调研于 1993 年初开始运作，第一步先做书目调研，将收集到的131家图书馆（后发展为158家）中医书目中孤本古籍条目析出，集中编排形成孤本医书目录，在此基础上再根据“孤本医书评估标准”进行筛选并编出“文献调研目录”，由调研人员据此目录对孤本医书进行实际考查，从内容、版本、书品等多方面对该书进行评介，最后由《大全》选编组据“收书标准”所定原则决定是否予以影印出版。

为了便于项目运作，我们采取了边调研边选编出版的方式。从1993年至1995年共有18种孤本医书影印出版，引起社会的关注和相关部门的重视，国家新闻出版署将该书列为“九五”期间重点图书，又列为2000年全国古籍整理的重点资助项目；2005年至2009年在财政部的专项资金支持下，孤本医书的调研选编出版工作进展迅速，相继有78种孤本医书影印问世；2010年以后，此项目得到国家科技部“科技基础性工作专项”资金的支持，至2014年课题结束时，又有56种孤本医书影印出版，超额完成了预期任务。

孤本医书调研和《孤本大全》选编出版工作自1993年开始至今已有22年，虽然有时因经费不继而不得不放缓脚步，但相关工作一直坚持进行，所取得的成绩是令人欣慰的，有以下几方面：

——本项目进行的大范围系统性的中医孤本古籍调研，是一项开创性文献基础研究工作。自1993至

2011年，已完成158家国内外图书馆（中国内地150家、台湾2家，日本6家）的书目调研工作，掌握了4300余种孤本医书的书目数据，并完成了1210种孤本医书的文献调研。在此基础上，经过综合评价，按“选书标准”筛选出164种孤本医书收入《孤本大全》影印出版，另有10种孤本已列入2015年出版计划。

——通过深入的文献调研，发掘出一批久被湮没的珍贵孤本医籍。如宋杨介所撰《存真图》、明赵金所撰《医学经略》、清祁坤撰《祁氏家传外科大罗》等均属此例。

——整合了相关的系列著作。例如：明龚居中著有《百效》系列内、外、妇、儿四本专著，而其中《百效内科全书》和《幼科百效全书》已成孤本，我们收集到这两个孤本，并将其收入《孤本大全》影印出版，使龚氏的系列著作能够完整流传。

——整合了在流传中被拆散的孤本医书。如明周祜、周禧姐妹所绘制的《本草图谱》原收藏于三处，均为残本，现已整合一处影印出版。

——复制流失海外的孤本医书回国。复制回归的底本中已有30多种收入《孤本大全》影印出版，如元艾应期原撰，明陈嘉猷增补的《如宜妙济回生捷录》即属此列。更具代表性的是明汪机所著《伤寒选录》一书是汪氏存世唯一伤寒著作，长期流失日本，它的回归影印出版，对汪机学术思想研究和伤寒学研究均能发挥重要作用。

孤本医书调研和《孤本大全》选编出版工作目前仍在进行中，从掌握的资料看，这项工作仍然具有很大的发展空间，预计在项目推进中还会有许多惊喜发现。我也希望这一中医古籍抢救保护项目能得到更多支持和关注，使其经过艰苦努力，能圆满划上句号。

作者简介：薛清禄，女，83岁。中国中医科学院中医药信息研究所研究馆员。曾任中国中医研究院图书情报研究所(现更名中国中医科学院信息研究所)所长兼图书馆馆长等职。

十年甘苦寸心知

杨秀廷

我在乡村行走的十年，是与古籍“锦屏文书”相守相惜的十年。

2004 年 4 月，我被组织上安排去参与筹建县地方志办公室，当时县志办与县锦屏文书征集领导小组办公室是两个牌子一套人马。我的任务是到全县各村寨收集历史文化资料，同时做民间保存的古籍锦屏文书（又称“清水江文书”）的普查、保护宣传和征集工作。由此，我走上了宣传保护民族古籍“锦屏文书”这条路。

悠悠十年乡村路，照相机、录音笔、笔记本、胶鞋、雨伞、草帽、电筒、雨衣、背包和干粮，自然成了我每天离不开的工作伙伴。我徒步走访了全县所有的 212 个行政村，收集了 120 多万字的资料，抄录了 200 多通古碑文，拍摄了 4000 多张照片，向群众发放宣传资料 1 万多份，参与征集、点校锦屏文书

5000多件。

一个人长期在乡间行走，孤独和辛苦是家常便饭。印象最深的是2004年秋天我到黔湘边界锦屏、黎平、剑河三县交界地区的青山界社区做民族民间文化调查那一次。那时，青山界百里苗乡还不通电话，我有半个多月的时间无法与单位和家人联系。就是在这次行程中，我几次遭遇到毒蛇和暴雨，那种惊悸至今难忘。当然，我也得到了意外的收获。苗吼寨一位龙姓苗族老人是“鼓藏”传人，他把家族传承了200多年的130多份清代文书交给我，希望我对契约文书进行点校。我是第一次受到这样的重托。我当着老人的面，用随身带的防湿物品把契约文书一层层包好。老人对当地的传统文化很了解，那天晚上，我跟老人一直交谈到深夜。第二天早晨，我从苗吼赶往对面山头上的木蓊寨，雨一直下着，借助猛烈的山风横飞斜落，我的那把雨伞，只能护住紧紧抱在胸前装着文书的那个包，当我攀爬到木蓊寨时，身上的衣服基本湿透。60多岁的村民龙立华把我安顿到他的家里，他的二儿子找来衣服给我换上，并熬姜汤给我喝。我非常感动。由于我患了感冒，便在村里停留了两天。一位村民听说我在宣传动员大家把家里保存的古代文书送到县档案馆保存，就把家里的70多份清代契约文书拿来交给我。我对他说，这些文书可能是一个家族的共有物品，请你先问问家族的意见。第二天，他和妻子来找我，说是已经得到长辈的同意，让我代他们送到县档案馆。我当即给他们写了代收条，答应下一次来的时候把档案部门的相关证书和材料带来。当我离开苗庄寨时，一位 30 多岁的吴姓村民自愿给我当向导，陪我走了几个村寨。

锦屏县所在的黔东南盛产优质杉木，是我国南方重点林区，以锦屏为中心的清水江流域林业开发已有 500 多年的历史。清水江流域苗侗少数民族独有的公约意识催生了大量契约（也就是“锦屏文书”）。这些契约的权威性非常高，作为一种民间自治工具，锦屏文书以林业契约为主要内容，是清水江中下游地区自明代以来的林业生产力与生产关系，以及苗侗人民的生产生活、民族习惯、生态环保、区域经济、民俗文化、社会变迁的原始记载。专家指出，清水江木材贸易的兴起繁荣，都要归功于锦屏文书对当时社会关系的有力调控。贵州大学温佐吾教授说：“锦屏文书所展现的契约精神正是清水江 500 年林业繁荣的‘社会基因’之一。”英国牛津大学教授柯大卫说：“锦屏契约非常珍贵，像这样大量、系统地反映一个地方民族、经济、社会发展状况的契约，在中国少有，在世界上也不多见。”

10 年中，我参与了锦屏文书国际学术研讨会的筹备和服务工作，见证了锦屏文书先后被列为国家重点档案文献和国家重点社科课题的重要时刻。我接待了前来考察锦屏文书的国内外的专家学者100多人次。我与新华社记者多次深入深山苗寨，调查了解锦屏文书保护管理情况，《新华社内参选编》刊发了反映锦屏文书亟待保护的报道，引起国家领导的关注，时任国务委员陈至立作了批示。我们的工作，也引起了贵州省档案局和贵州省民委古籍办的关注，省里多次派专家到锦屏指导锦屏文书的抢救和保护工作。目前黔东南各县已经收藏进馆的锦屏文书有15万多件，仅锦屏县就已经收集到锦屏文书5万多件。而今，国家投入1800万元建设的锦屏文书特藏馆将在2014年底前投入使用。在我的联系和促成下，锦屏县文斗村的3名苗族农民先后走上西南政法大学、贵州大学等高校讲台，作了10多次苗族社区契约文化的专题讲座，使深山苗寨的历史文化引起了学术界的广泛关注。

缘于我对这片乡土的眷恋，更得益于民族古籍给我的文化浸润，在守护民族古籍的同时，我也有了不少收获。我和同事整理点校的《林业碑文选》等系列古籍，已经成为研究锦屏文书的基础资料，我们的研究文章先后在北京、重庆、广东、香港、台湾发表。我个人也因为在民族民间文化保护工作上的突出贡献，被县委县政府评为“拔尖人才”和“十佳公务员”。

与古籍相伴、相守，丰富了我的人生经验，让我从古籍中吸收到了历史智慧和山地民族对文化的敬惜精神。我现在虽然离开了史志部门，但是播撒在我心间的那颗守护民族古籍的种子，已经盛放出美丽的花朵。我深深地体悟到，抢救和保护少数民族古籍意义重大，作为大山里的一名苗族文化工作者，我将在这条路上继续走下去。

作者简介：杨秀廷，男，47 岁。贵州省锦屏县文学艺术界联合会，公务员。

古籍编辑的苦与乐

李　红

从诗经汉赋到唐诗宋词，从传奇志怪到明清小说，从百家争鸣到乾嘉考据，中国传统文化在几千年中不断发展，而古籍正是这绵延不绝的文化载体。在许多人眼里，古籍就是故纸堆和繁体字的代名词。但在古籍编辑看来，那泛黄的古籍旧本里面，那难写难认的繁体字中间，有着许许多多的乐趣；自己编辑出版的那些散发着墨香的新版古籍，浸含着种种辛劳。

有句成语叫作“苦尽甘来”。先来说说古籍编辑之苦。

苦之一，核对文字之苦。随着电脑的普及，现在的作者多是交电子稿件，大多数的编辑，都是在排版以后阅读清样，不必核对原稿。更有做电子出版物的编辑，真正是无纸化办公。但古籍编辑却没有这样的好时光。即使编者交来电子稿件，排版之后，编辑还是要根据原始的底本核对一遍。忠实于原作，是编辑古籍最重要的原则。编辑要把繁体竖排的底本与简体横排的校样，逐字核对。更有繁琐的，底本以外，还要核对其他的参照版本。每每这个时候，自己恨不得有二郎神的“三只眼”。记得梁启超的《戊戌政变记》，有《清议报》的版本，有后来《饮冰室合集》的整理本，还有编者提供的从日本抄到的横滨本。世易时移，各本之间略有差别。编辑将三个版本都置于案头，互相参校，比对其中的差异，订正注释。个中辛苦，如人饮水。但不敢稍有疏忽，因为这些细小差别，反映的却是康梁思想的大变化。

苦之二，繁简转化之苦。如今的古籍整理，大都做成简体横排的版本，以方便更多的读者使用。毕竟我们使用简化字几十年，很多人已经不熟悉繁体字。但对于古籍编辑而言，常常是左手边是竖排繁体的原稿，右手是横排简体的清样，颇有武林高手“左手画圆右手画方”的感觉。中国汉字非常多，仅《康熙字典》就收字四万余。对古籍编辑而言，繁简字的转换，绝对是一个耗时耗力的工作。举个简单的例子，“釐”这个字，读 li 时，是“厘”的繁体字，可以简化；但读 xi 时，又有两种情况，读阴平时，同“僖”，读上声时，简化为“禧”。现在出版物中“魏安厘王”“福厘”之类的错误，并不少见。为避免这些讹误，古籍编辑难免许多核对查证之苦。

苦之三，审读标点之苦。古籍多是没有标点过的文本，为方便今人阅读，需要标点。古文标点，点错一个字，意思可能有很大出入。例如“开封、临濠、东平、和滁”，乍一看，是四个地名，其实，和州与滁州为两个地名，此处少一个顿号，行政建制就错了。再如，“刻画无盐唐突，西子自知罪过不小”，实则为“刻画无盐，唐突西子，自知罪过不小”。此处化用“刻画无盐，唐突西施”，谦指自己以丑比美，比得不当，亵渎了美好的人物。小小标点的差别，意思大有不同。古人酷爱用典，稍有疏忽，讹误多多。编辑审读查证之苦，自然又是难以避免。

说完了苦，自然苦尽甘来。我以为，古籍编辑至少有“三乐”。

乐之一，享受古籍文字简洁之美。不管是《诗经》，还是律诗、韵文，中国古籍中的文字简洁，恐怕是现代白话文甚至是世界上任何一种文字都无法与之媲美的。网上曾流传对几句英文诗的译文，颇可证明这点。原文是：

You say that you love rain,

but you open your umbrella when it rains.

You say that you love the sun,

but you find a shadow spot when the sun shines.

You say that you love the wind,

but you close your windows when wind blows.

This is why I am afraid,

you say that you love me too.

网友的翻译是：

子言慕雨，启伞避之。

子言好阳，寻荫拒之。

子言喜风，阖户离之。

子言偕老，吾所畏之。

这段59个词的英文诗歌，译文只用了32个字。用字之简洁，一目了然。更为可贵的是，其中诗歌的韵味和意境并未有丝毫的减少。其实，我们阅读《诗经》，阅读唐诗，阅读《左传》，阅读《古文观止》，哪一篇文章不是文简意赅？哪一篇不是意境深远呢？

乐之二，领略大师思想深邃之美。古人给我们留下了丰厚的思想遗产。最近在编辑“中国近代思想家文库”丛书，所选百余名思想家的作品，其思想，或激进或保守，或进步或反动，或源于传统或来自西学，但面对当时国家、民族生死存亡危机四起的局面，这种种思想，绝大多数都含有几分救国的初衷。而了解这些思想，尤其是在中国近代化进程中起过积极作用的思想，甚而对今天都有影响和借鉴的思想，对今天的人们而言，极有意义。而对古籍编辑而言，一边工作，一边阅读大师，品味其思想的深邃，在这个社会普遍浮躁的今天，难道不是一件乐事吗？

乐之三，探寻古人逸闻轶事之趣。编辑整理前人的集子，有许多趣事，可先睹为快。梁启超是著名的国学大师，他的诗词总也不乏诙谐的一面。如他填《好事近》一词，代思礼题小影寄思顺：

昨日好稀奇，迸出门牙四个。刚把来函撕吃，却正襟危坐。　一双小眼碧澄澄，望着阿图和。肚里打何主意，问亲家知道么？

大师的如椽大笔，把几个月的娃娃描写得活灵活现，充满生活的趣味。读者看到的不是书斋里板着面孔的国学大师，而是亲切的长者；不是让人仰头瞻仰的神明，而是鲜活的人生。这不是古籍编辑的一大乐事吗？

古籍编辑的工作，虽有种种苦，更有许多乐。而让更多的读者感受阅读古籍的欣悦，传承中国传统文化的美好，我想，这应该是古籍编辑最大的快乐。

作者简介：李红，女，43岁。中国人民大学出版社副编审。

与“聊斋”结缘

张　洪

已经公布的四批《国家珍贵古籍名录》中，辽宁省图书馆入选了305部。正等待批复的第五批名录中，他们又申报了63部。从省图刘冰主任处打听到这个好消息，精神为之亢奋。20年前，在辽宁电视台国际部工作的我，曾编导过“辽宁省图书馆古籍特藏”这部不到十分钟的短片。拍摄时，毕业于北京大学古典文献专业的韩锡铎副馆长，领着我们在地库里大饱眼福，当时省图还身处张氏帅府西侧那片民国老房子中间。昔日末代皇帝溥仪从北京带到东北来的宫中“御览”之宝，部分天禄琳琅存书，大都收藏于此。特制的樟木匣一字排开，几案上，书架中，闪亮生辉。官刻、坊刻，宋、元、明、清，经、史、子、集，高束皮藏的先贤大作让我们虔敬驻足，屏气凝神。支上三脚架，推拉摇移，悉心将那些珍贵的遗存收录到镜头中。馆方特许拍摄者打开了世上仅存的《聊斋志异》

半部手稿，原来手稿共八册，此为一、三、四、七册，在这237篇中，蒲松龄亲自书写的达206篇。

蒲氏后人由山东辗转来到关外辽北，“土改”中险些付之一炬的传家宝贝，在新中国成立后入藏省图。聊斋故事口耳相传，其版本也纷繁多样。最早的刻印本出现在1766年，这已是作者去世50多年以后了，所据底本也非作者本人稿本。1962年，中华书局上海编辑所出版了张友鹤辑校的会校会注会评本《聊斋志异》，汇集了14种抄本、刻本和注本。200多年中，作家原稿在子嗣手中珍存承传，半部不幸中途流失。余下半部公诸天下后，世人传抄、刻印、校注中的文字讹误、故事遗漏、内容篡改、篇目伪托等问题，自然找到了清晰的源流和确凿的佐证。《婴宁》《小谢》《崂山道士》，一篇篇熟悉的内容映入眼帘，仙风道骨从字里行间扑面而来，藐予小子俯下身来，感动满怀。我小心翼翼地展开书卷，同伴操作摄像机，记录下手动的“翻页”效果，不用后期机房特技，为观众留下了原汁原味的现场感。节目在辽宁卫视播出后，又通过海外平台黄河电视台和斯科拉有线网对外发布。

小时候，姥爷经常讲的妖魔鬼怪故事，妈妈喜欢看的《胭脂》《画皮》电影，自己在书摊上翻阅的连环画《席方平》，课堂上老师渲染的狐媚美女，教材中同学们乐道的《促织》，都出自于《聊斋志异》。

母亲籍贯胶东平度，相邻之地风物人情、乡土伦常大概都契合同源，一脉相承吧。莫言说起故乡传说来一往情深，兼具世界眼光：西去故乡三百里，就是蒲松龄的家。奇人怪事，随口道来，笔惊风雨，文泣鬼神，敢和福克纳、马尔克斯去媲美，一拼高低。1993 年莫言正儿八经写下《好谈鬼怪神魔》一文，谈到学者们评论他的小说时，“总是忘不了提起我这位光荣的乡亲，并从他那里找到了我的小说的源头。这令我不胜荣幸之极”。贾平凹多次提及《聊斋志异》对他的至深影响，这部“写得有味，对自己的味”的大作，他看得最仔细、最系统，咂摸语言，研读精髓，涵养笔下功夫。

新世纪前，我转行到出版社，整理编辑古籍和经典自然成为心中至爱。两所大学里中文系、外语系一共读了十年，古汉语、古文学底子却松松垮垮，只好借工作环境去弥补扎实，再思进步了。和省图书馆特藏部相继合作了《辽宁省入选国家珍贵古籍名录图书》《文明的传承》《辽宁文化记忆》等大部头图册，心爱的“聊斋”手稿自然荣耀其间。出版界前辈、丹青高手王弘力先生品读“聊斋”数十年，面对其长篇多被改编为剧、影等艺术形式，而短篇却未被转化的“可惜”现状，将短短数十字、百余字的《药僧》《役鬼》等小则勾画入微，文图兼制，解说阐发，合为册页，绘成“聊斋”短篇 60 则，读者都很喜欢。友人周绚隆君编辑的“聊斋”系列，在人民文学出版社古典名著系列中表现不俗，不断加印。我曾获赠辽宁省图书馆授权上海古籍出版社仿真影印的稿本，一函四册，民间味、书卷气相得益彰，置于案头，心摹手追。再看图书装帧界大师张守义设计的人狐对视，标新立异的封面、插图令“聊斋”又一次横空出世，狐狸高居在上俯瞰凡尘，黑白之间，刺激我辈俗众或许偶能开窍？仙境相伴，风光怡人，中得心源，其乐何如！

《聊斋志异》开创出清代文言小说写作热潮，一度成为短篇小说典型的体裁，引领后作追步、模仿，甚至掺杂使假之作也时有出现。接招压卷之作，难免貂尾续狗。1931 年，胡适作《辨伪举例：蒲松龄的生年考》，指出所谓《聊斋文集》的胡乱拼凑，《聊斋诗集》200 多首假诗的捏造，作伪者甚至妄加先生年龄，又添十岁，假冒《八十述怀》之诗去哄骗读者。真是授人以柄，贻笑大方。蒲松龄创作繁富，除“聊斋”近 500 篇小说外，散文诗歌，词曲杂著，诸体兼擅，流传至今的诗歌 1200 多首，散文也有近 500 篇。

2012 年，终于盼来了到济南培训的机会。学习结束后的一个周末，我专程赶赴淄川“天下第一仙庄”蒲家庄，去作家诞生地采采真气。“鬼怪精灵书中人物，嬉笑怒骂笔底文章”，冯友兰的题词入木三分。院落宅第，遗迹文物，流连忘返之处，最是柜中各种版本图书。抻长脖子，仔细端详，最兴奋的是，我们辽宁人民出版社两本图书——杨仁恺先生1958年出版的《聊斋志异原稿研究》和80年代的大众读物《白话聊斋》陈列在显要位置。当然，“手稿”复制品和典藏于辽宁省图书馆的解说，更是故居博物馆着力推荐的光鲜亮点。我仔细记下摆在首位的英文原版书，拍下了样本书影，1880年伦敦汤姆斯·狄·拉·路公司出版，希伯尔特·阿·格里斯译，《中国书斋神异故事》（《聊斋志异选》）两卷本，红皮精装，烫金书名，印制上乘。自18世纪最早传入日本至今，《聊斋志异》目前已被翻译成20多种语言，流布四海，声名远播。1919年纽约出版的《中国神奇故事书》，美国作家彼特曼翻译、再创作的15个短篇故事中，有一篇描绘江湖术士令人瞠目结舌的魔幻表演，从内容上看，这篇《两个杂要术士》无疑直接取自“聊斋”的《偷桃》。“聊斋”德文译本1902年开始出现，后来陆续有多位译者介绍此书。2015年春季，我到维也纳访学，某夜在书店橱窗灯光照耀下瞥见一德文译本与《金瓶梅》并排陈列，封面都选用汉字书法来设计。第二天浏览微信，光明日报社辽宁记者站毕玉才站长采写的报道跳入眼帘，我由此得以一览蒲松龄第十世孙蒲清章在辽宁西丰的生活情状，文中道尽曲折的“聊斋”身后故事。300年后蒲氏后人，其照片与蒲家庄纪念馆悬挂的老人家画像极其神似，不用对照，一望即能发现血脉渊源。天下正变小，无巧不成书。

图书的“走出去”，家乡晚辈的拿“诺奖”，蒲老先生地下有知，没准会幽他一默：敢情渊源有自。台湾有个“托福”考生曾抱怨，美国人总是拿热带鱼的学名来考我们，等他们考汉语，一定搬来“聊斋”里女鬼的名字难倒他们不可。婴宁、香玉、青凤、娇娜、莲香，狐鬼精灵们搭配对应哪些篇什故事，何其难也，即使国人中的文学院师生，恐怕也不易得到高分。20多年前，汪曾祺在赴美前后推演“志异”，写出“聊斋新义”系列小说。他的好友林斤澜畅谈文学时说过三句话：写中国话；写好的中国话；写自己的中国话。蒲松龄以其活色生香的《聊斋志异》，把此中真谛早已诠释得精妙不过。异史氏曰，千里良朋，犹识梦中之路。我深有同感，未知诸君以为然否？

作者简介： 张洪，男，49岁。辽宁人民出版社编辑。

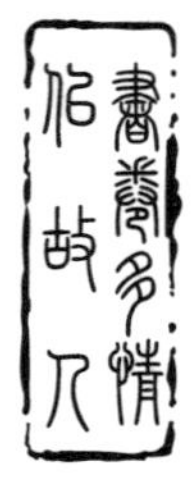

一位典籍博物馆讲解员的独白

吴雨晨

2013年，是我大学毕业的第二个年头。11月，我买到北上的火车票，准备应聘典籍博物馆讲解员。我曾经告诉我的朋友：我不是因为北京才来典籍博物馆，而是因为典籍博物馆而来北京，哪怕典籍博物馆在江苏、在湖南，我也是义不容辞地去发出那份简历！没有更多的理由，喜欢，就是莫名的喜欢。于是，推掉所有的琐事，抱着一颗平淡的心，再加上一张火车票，过程极其洒脱。面试、复试、笔试再面试，过程虽然有点复杂，但是结局并不出乎意料，2013年12月，我坐在了典籍博物馆讲解员培训的教室里，开始了长达半年的专业培训。

有时候我很庆幸自己早早地毕业，这样就有足够的时间在工作的同时去思考自己到底想要什么样的工作和生活。一个人，最怕的就是没有目标，而没有目标就好像在黑暗里前进。我想，与典籍相守，这应该就是我的目标。

典籍博物馆将要展出的，是国家图书馆所藏的千百年来流传下来的中华古籍，珍贵的敦煌遗书自然在。我去过很多博物馆，但是像典籍博物馆这样只展出古籍的却从来没有，有些博物馆也有古籍展出，可是，那里的讲解员，从来都是从放有古籍的展柜前匆匆走过。金银玉器藏品光华万千，它们直观的形象吸引着参观者的眼睛，使人们在展柜前驻足，感叹古人的精湛技艺。而古籍，我想普通大众可能都不明白它们为什么展出，为什么它们被安置在一些角落，就算有人去观摩，看到泛黄的纸张和不太清晰的墨迹，大部分人会说：哦，这就是古代的书，跟电视里差不多。

然后？就没有然后了。

这些，使我慢慢懂得了我们讲解员存在的意义，但我们不是录音机，不是导览器，一件传承千百年的善本，我们只报出它的刻印年代和地点是远远不够的，它的传承和历史，它丰厚的内涵才是它的价值所在。我记得舆图组的一位老师曾说，你们应该去挖掘一件展品背后更感性的一些东西，在讲解的过程中，先感动自己，才能再感染别人。我认为，这，就是讲解的精髓。

让我感触最深的是国图馆藏有一件南宋刻印的《注东坡先生诗》，这是一件非常重要的善本。一说善本，我们肯定就会觉得它就是非常好的本子，其实不然，这个本子三分之一都有被烧过的痕迹。宋代刻印的书籍到明朝中叶，传世已经日渐稀少，到今天，所有的宋版书籍都可以称为善本。因为政治上的原因，宋代苏东坡的书籍和书版曾经遭受禁毁，所以流传下来的宋代苏东坡的诗集可谓是善本中的善本。其实这个本子一直流传到清代都是好好的，直到清末的时候，被一位叫袁思亮的湖南籍藏书家所收藏。可没多久，袁思亮在北京正阳门外的住所就失火了，匆匆跑出的袁思亮忽然想到自己藏的《注东坡先生诗》还在屋子里，他觉得书肯定烧毁了，于是悲痛欲绝，要跟这本书一起葬身火海，幸好被家人拉住。这本《注东坡先生诗》虽然最终被抢救了出来，但是已经有了火烧的痕迹，后来，学者们给这样的古籍起了一个名字叫“焦尾本”。

开始，我不明白，不就是一本书，哪怕它再好，再价值连城，难道值得这位袁思亮先生豁出性命去救吗？但是后来，当我知道钱谦益的绛云楼藏书被大火烧得所剩无几，张元济的涵芬楼藏书甚至超过当时的北平图书馆，毁于日本侵略者的战火，我才明白，每一本书的流传都要经过数代人的努力，它要躲过火灾、地震等自然灾害，还要躲过战争等人为因素造成的灾难，才能非常不易的被保存下来。每当我们看到这件《注东坡先生诗》静静地躺在展柜中，心中充满敬意，若不是世世代代如袁思亮一样的人物，恐怕今天我们就读不到苏东坡的词，看不到李白的诗，我们国家的灿烂文明就得不到传承，这，将是多么大的遗憾。

六个月的培训进入尾声，正式开馆的日期也越来越近。相比六个月前，我积累了更多的典籍知识，但同时也感觉身负更大的责任。这一件件世间珍品在我眼中渐渐化为有生命力的东西，古籍上的红色印章则是赋予它生命力的人的名字。古籍是沉默的，而我，将把它们告诉我的内容生动地传达给每一位在展厅中见到它的人。11 月的一天，我面对着古籍馆的陈红彦老师说："古籍给人的感觉是晦涩的，如果有一天我成为典籍博物馆的讲解员，我要把古籍的故事讲得像当年明月《明朝那些事儿》一样生动精彩。"

——致自己和每一位为典籍博物馆做出努力的工作者

作者简介：吴雨晨，女，24 岁。国家典籍博物馆讲解员。

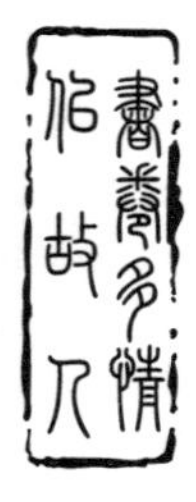

由沈从文先生的一封信谈起

唐桂艳

一个偶然的机会，读到沈从文先生在 1956 年 10 月于济南写给妻子张兆和的信。

1956 年 10 月 9 日下午 2 时，沈从文和余庠来到位于大明湖畔的山东省图书馆，拜访了当时的副馆长宋景周，“一半时间是在藏书四十万卷的库房消耗的。看到许多《大藏经》”。

“我忘了说图书馆的书架，真是一种奇观！高过二丈，一列列和无线电什么器上的片片一样，两架之中窄窄的一条甬道，我只担心会倒骨牌似的一齐倒下。我想看看明《大藏经》，他们正当成无用之物搁在书架顶头，一个手足矫健（的）女同志于是爬梯子上去取书，到了顶上时，我们在下边仰头望着，令人担心，比看杂技中的‘缘杆’还要不安。因为实在太高，简直是一种表演。这些工作同志，在库房中书库工作一年半载后，大致每人都可以在什么会上报名参与表演爬高绝技了。至少是业余什么会时，这么表演是十分动人的。到她平安无事下来时，我才放心。”

从沈先生幽默、诙谐的文笔中，我想到了20年前自己与古籍打交道的日子。山东省图书馆建于清宣统元年，馆址称“遐园”，与宁波“天一阁”并称“双峙”，有“南阁北园”之誉。20世纪二三十年代，聊城杨氏“海源阁”藏书散出，由蔡元培建议，山东省教育厅何思源厅长主持兴建新的藏书楼，前后用款六万余银圆，于1936年12月落成使用。楼体呈“山”字形，占地二亩六分四厘，红砖砌墙，其黑色木制大门当年由德国汉堡码头运至天津港，又用牛车从天津运达济南，耗时3个月。以奎星主鲁，虚星主齐，“奎虚”意指齐鲁分野，遂取名“奎虚书藏”，由著名藏书家傅增湘署榜。

从沈先生说的书架高度、密度、藏书数量，可以断定这是“奎虚书藏”，一楼最大的古籍书库。此书库面积350平方米，长27米，宽13米，高3.8米，正位于“山”字的中间一竖位置。从大门进去，木质书架分列左右，各有十三四排，每个书架其实是由两个四层书架上下接在一起构成，书架层高约40厘米，书架搁板在5厘米以上，虽敦壮结实，但因上达房顶，加之书架间缝隙太小，故沈先生感觉高过二丈（约6米以上），并感觉要“一齐倒下”。库内藏书约40万册，其中就有两部《大藏经》（一部南藏，一部北藏）和散册约 17000 册。因阅读的人少，故置于书库最后一排书架上，并非被工作人员“当成无用之物”，沈先生要看的书恰恰置于最顶层，而这“惊险”一幕又被他形象地记录了下来。

看到沈先生说那位女同志——我的前辈“爬梯子上去取书”，我真是羡煞，因为在我工作时，根本没有什么梯子，我们完全是“徒手攀援”，那叫一个“技术”：左脚踩在一层木架上（书架很宽，留有放脚的位置），右脚踩到对面书架的一层木架上，左脚上一层，右脚上一层，轮番上行。等到上了最高处，如果发现所取的书不在自己能触及的范围，只得一手攀架，小心在空中行走，真是手心放汗，两股战战，更不敢下视，胯下就是那条“甬道”，随时有摔下的危险。我曾经无数次想到自己一头栽下来的惨状，也曾一度设想要在身上捆上绳子以做保护，但终究没有实施，更不奢望像沈先生说的一年半载后参加爬高表演什么的了。

尽管此楼在建后的半个世纪之内，一直是山东省图书馆藏书及阅览的主体建筑，冬暖夏凉亦使古籍基本保持恒温，但因濒临大明湖，湿度较大。犹忆每年春天，在连续晴好的天气里，打开书库尘封一年的所有窗户通风，为保证安全，我们会搬上凳子，五步一岗地坐在书库周围，轮流当值，体验着从书库中散出的阴凉之气和书库外温暖阳光的交织。夏天，老式的除湿机不辞辛苦地工作着，每到下班时，我们都会从书库中提出一桶水，水泥地面沁出的水珠常常会让我十分小心，以免滑倒。记忆犹新的是，放置在书库外的电闸因线路老化突然打火，令人心生惶恐，而冬天暖气打压时管道的点滴渗水，让我们断然关掉所有书库的暖气阀门。曾经管理过台湾汉学研究中心善本古籍的卢锦堂说过："我们时刻提着脑袋在办事。"的确，水火无情，管理严格的双人双锁又怎能保证古籍的无虞？

自1994年起，山东省图书馆的古籍就和工作人员一起翘首以盼新的馆舍。2003年底，70多万册古籍全部搬迁新馆，新书橱，新装具，气体灭火系统，通风除湿系统，火灾报警系统，水灾报警系统，空调，空气净化器，温湿度监测仪……硬件的改善，以及一系列严格的管理制度、应急预案，加之"中华古籍保护计划"的实施，使山东省图书馆的古籍生存环境得到了前所未有的改善，齐鲁典籍受到了空前的关爱。

今天，回头想想那些曾经的艰辛，那些曾经和我一起奋斗在搬迁第一线的同事们，他们，有的远走异乡，有的已到天国。那两个一米八多的男孩子，一个站在高高的书架上，伸手可触房顶，一个站在地面，脚尖一踮，就可接到上面俯身递来的书籍，两人一搭，完成了原本需要三人传递才能完成的书籍下架工作，而我，则往返奔跑于书箱和他们之间。那些灰尘满面的日子，那些腰酸背痛的日子，那些苦中有乐的日子，至今想来，犹在眼前。然而，物是人非，古籍依旧在，伊人已离去。纸寿千年，人无百岁，为沈从文先生取书的前辈已经作古，而被数代人守护的这些瑰宝，却依然满含深情地注视着我，一如它们入驻本馆时深情注视着我的先辈一样。它们或许心存感动，感动因图书馆的保护而让它们得以续命，感动因读书人的发掘而让他们焕发青春，而我，作为一名普通的古籍管理工作者，默默守护着它们，无非就是希望这些瑰宝能够得到人们的阅读、诠释，真正发挥它们的价值，就像习总书记所希望的那样："让古籍里的文字活起来。"

谨以此文献给辛勤耕耘在古籍保护工作岗位上的同行。

作者简介：唐桂艳，女，45岁。山东省图书馆研究馆员。

善藏善用我的善本

姜青青

因为好读文史，性喜藏书，我十分关注古籍珍本的收藏，也曾在2000年被评为杭州市首届十佳藏书家。然而，不说收藏那些宋椠元刊、明刻清版（即使如惊鸿能有一瞥，也因索价极昂而非我工薪阶层可消受），便是买到那些上品的古籍线装影印本，也非易事，因为中华古籍汗牛充栋，人有所好，力有所限，不能尽有。如何建立为我所爱又力所能及的古籍收藏？我将眼光放在了收藏“杭州版宋版书”上。

这一目标的确立缘于四个因素：一是我本杭州人，生于斯长于斯情寄于斯，杭州乡土文献向为所爱，多有收藏，且早些年我被杭州市社科院南宋史研究中心聘为兼职研究员，若能倾力专藏“杭州版宋版书”，也算是有别于他人的一个特藏吧。二是“杭州版宋版书”在宋代即为天下翘楚，宋人叶梦得《石林燕语》评说“今天下印书，以杭州为上”，事实真是如此。

就以棚本《唐女郎鱼玄机诗》来说，字体方整秀丽，刻工精美细腻，校勘精到仔细，内容与形式均属上乘，让人爱不释手，“杭州版宋版书”值得收藏。三是国家自2002年启动“中华再造善本工程”之后，大量秘藏于各藏书机构的古籍善本得以化身传布，从而为私家庋藏善本带来了新的可能。四是得益于现代科学技术在古籍善本影印中的应用，出现了印制水平极高的仿真本，让痴迷古籍者真有了“如获至宝”的感觉。

也是得益于互联网技术的普及，我通过网络渠道广泛收集资料，首先建立了有两百多种宋版书的图像数据库，然后从中厘出已被公认的“杭州版宋版书”26种，让我大致了解到存世“杭州版宋版书”的概貌。在此基础上，我再从网上和网下两个层面去“网罗”我的目标。几经努力几经挫折，终究有了几多收获，相关“中华再造善本”“四部丛刊本”“古逸丛书本”纷至沓来。数点我已收藏到的“杭州版宋版书”，虽与我的数据库藏本不尽相同，竟然也有26种。特别是收藏到一批善本的仿真本，如书棚本《朱庆余诗集》《李丞相诗集》《棠湖诗稿》，杭州净戒院印本《长短经》，以及南宋官印本《汉官仪》等，虽然不能与当年“百宋一廛”“皕宋楼”等相提并论，但藏书的喜悦并无高下之分，一书在手，各种压力感或挫折感化为云烟，这份欣喜又化作了各种美好联想，寄情于诗，分享于友。收藏到绝品书棚本《朱庆余诗集》时，我写道："临安陈家爱诗书，小集专刊惊为殊。字写精纯羡名手，版刻硬朗夸高足。街头争看非花香，坊前抢眼是蝶舞。府棚极致真绝作，至今尤称朱庆余。"品书题诗，真是人生幸事！

当我收藏到被誉为"无上神品"的南宋世彩堂本《昌黎先生集》《河东先生集》时，更是喜不自禁。先是收藏到世彩堂本《河东先生集》，但《昌黎先生集》踏破铁鞋遍寻无着，几乎让人绝望，以致让我曾画下"韩柳自古比肩立，何时辉映共书房"的问号。后经图书馆朋友襄助，我找到了国图的一位副馆长，在他的协调下，最终我将这套国图出版社库存"最后的一套书"，收归书房。西窗灯下，品读这两部"无上神品"，也让我感佩当年两位藏书家陈清华和潘宗周相互之间的一得一舍，这种具慧眼识大体，使得原先分藏两地的两部世彩堂佳刻，终成合璧。情由心生，我写下了《题南宋临安世彩堂刻本昌黎河东二先生集》："备感藏书人苦甘，散书太易聚书难。文起八代师韩柳，璧合双雄谢陈潘。舍本逐末非贪心，得陇望蜀为慧眼。无缘一睹多少人？守护宝典宜珍传。"

品鉴善本，受其精益求精、尽善尽美的文化熏陶，当是藏书一得。而如果更有善用，助益社会，那是对于文化应有的积善了。我在研读所藏"杭州版宋版书"《咸淳临安志》（国家图书馆藏本）时，居然还生出了一个复原古地图的研究课题。这套书的宋版"京城四图”《皇城图》《京城图》《西湖图》《浙江图》，经历了七百多年的岁月沧桑，纸墨早已变异，甚至缺损，很多地方漫漶不堪，几乎不能卒读。清代学者有感于“京城四图”对于南宋临安城研究的重要性，据宋版原图重新摹绘了更为清晰的“京城四图”，但原图很多字迹难以辨识，不得不替之以“□”。清版“京城四图”尽管这个“□”累累叠叠，却甚为通行。宋版《咸淳临安志》入藏我家后，我把计算机技术和传统考证方法相结合，对“京城四图”进行细节上的高清“透视”和图文上的旁征博引，竟然辨识出大量清人已经放弃或看错的字迹。杭州南宋史研究中心得悉这一发现后，认为这项工作非常有意义，鼓励并协助我申报课题立项，最后以《〈咸淳临安志〉宋版“京城四图”复原研究》为题，列为2014年度浙江省社科重点规划课题。

我从2014年4月开始着手这项研究工作。尽管过程非常艰苦，但想到最终将会有数百个杭州古地名得以再发现，那将是一件让人多么欣喜而自豪的事！在复原宋版“京城四图”的课题研究中，我充分运用自己的宋版书数据库和善本收藏，使得很多难题迎刃而解。譬如，在课题审稿时，有位专家质疑宋版原图中吴山上的一个地名——“岳庙”，他问，这与岳飞有关系吗？吴山上在南宋为什么会有“岳庙”？我回答说，这不是纪念岳飞的“岳庙”，而是专门祀奉东岳泰山神的庙宇。他跟着就问，那这个“岳”在当时就应该写作“嶽”字，为什么这里写成了一般姓名中用的“岳”？确实，一般古书中大凡与五岳、山岳有关的这个字，都写成“嶽”的。这时候如果你凭印象来解释是没用的，你得拿出确凿的证据。于是，我通过查阅我收藏的宋版书，一下找出好几种山岳之词就写成“岳”字的例子，解答了这位审稿专家的疑问。

通过高分辨率图像的电脑分析，结合文献考证，我纠正了宋、明、清三种版本“京城四图”中的错讹缺失共计 509 条，对宋版“京城四图”的 444 条地名进行了释疑和考证，最终复原和更正地名 426 条（无法辨识的存疑地名 9 条，仅占四图地名总数的 0.57%；另有待考地名 9 条）。在此基础上，我以宋版原图为底图，以“整旧如旧”为原则，并借鉴《威尼斯章程》，重绘了“京城四图”。当重绘的“京城四图”第一次吱吱嘎嘎从打印机中亮相时，我为它的面貌一新喜出望外：重绘图依然保持了宋刻原版的特征，但四图上 1582 个地名中的 99.43%可以清晰浏览，这套更真实、更完整、更清晰的“京城四图”，重现了七百多年前杭州最繁华的那一刻。

这个 49.5 万字的课题已在 2015 年 8 月由上海古籍出版社出版了。浙江大学何忠礼教授评价说，本书的问世当是第一部对宋版“京城四图”的系统整理，提高了对《咸淳临安志》整体文献的利用价值，对推动南宋临安城的研究做出了重要贡献，最后绘制出在很大程度上得到还原的“京城四图”，对后人复原其他地图，也有一定的示范作用。北京大学阙维民教授认为，本书运用计算机进行局部和细部研究并重绘“京城四图”，主要是为了“整旧如旧”地复原宋版“京城四图”，这与当今世界遗产保护的“修旧如旧”原则如出一辙，因此，本书在某种程度上，是对“京城四图”的考古研究或遗产研究，为“京城四图”今后的有效再利用，奠定了坚实的基础。

我收藏“杭州版宋版书”一事终得善果，这当是善本之大幸！

作者简介：姜青青，男，55岁。杭州日报报业集团新闻研究所所长。

不教书林有遗珠

——记宋刻本《周易集义》的发现与鉴定

王玥琳

2013年底，在国家图书馆举办的“中华古籍保护计划成果展”上，一部珍贵的宋淳祐十二年（1252）魏克愚紫阳书院刻本《周易集义》，作为古籍普查的新发现之一，静静地躺在稽古厅的展柜中，散发着静谧的光华。我注视着这本《周易集义》，回想起它从诞生到湮没无闻再到重现世间的坎坷经历，不禁感慨万端。

时间回溯到2009年初春，北京市古籍保护中心应中共北京市委图书馆的邀请，派工作组前往市委图书馆，整理该馆尘封数十年的古籍。我作为工作组的一员，有幸参与了这次重要的古籍整理工作。

记得第一次从书柜中取出《周易集义》，它洁净的书页、古雅的风格、完美的品相，就给我留下了深刻的印象。我小心翼翼地翻看着“新若手未触”的书页，详细著录书籍的各项信息，与同事们反复讨论着书的版本年代。

《周易集义》，又名《大易集义》，南宋著名理学家鹤山先生魏了翁撰。史载宋理宗时期，鹤山先生“忤时相，谪靖州，取诸经注疏摘为《要义》（即《九经要义》），又取濂、洛以来诸大儒易说为《周易集义》六十四卷”（方回《周易集义跋》）。宋淳祐十二年，魏了翁仲子魏克愚知徽州时，于紫阳书院刊刻了《九经要义》与《周易集义》，是为该书最初刻本。但是身处鼎革之际，《周易集义》自诞生之日起，就注定了多舛的命运。景炎元年（1276），元军攻破徽州而紫阳书院毁，《九经要义》版片尽毁，所幸《周易集义》版片尚有存者。至元二十五年（1288）紫阳书院重建，山长吴梦炎主持修补了这套版片并予以重印。国家图书馆所藏宋本《周易集义》，确有部分版片的字体风格、刀法技巧迥异，即是补版部分。不过此后《周易集义》似乎流传不广，历朝书目少有著录，《四库全书》也未收入，渐渐湮没无闻。已知传世的宋本《周易集义》，唯有国家图书馆一部。

略有遗憾的是，市委图书馆所藏不是一部全本，现存五十四卷（其中包括七卷抄配）。缺少了卷一卷端，也无牌记、刊刻序跋，甚至连后世收藏钤印也没有留下一方，这一切都给版本鉴定工作带来不小的难度。我们首先查阅了《中国古籍善本书目》，该书著录市委图书馆这部《周易集义》（以下简称“市委本”）的版本为明刻本，存卷四十七卷，与实际情况有些出入。但是市委图书馆一部 1963 年编纂的内部书目则著录此书为宋刻本，存五十四卷。而且眼前之书，无论是版刻风格、大量的讳字，还是质量上佳的皮纸，均彰显着宋刻本的风貌。这部《周易集义》的版本究竟是宋刻抑或明刻呢？带着这样的疑问，我们开始了上下求索的历程。

我们将“市委本”与《中华再造善本》已影印出版的国图《周易集义》进行了细致比对，发现二书在版式风格、板框尺寸、刻工、避讳乃至断版等处，均无二致，甚至从个别断版情况来看，“市委本”还要优于国图藏本。进而又由李致忠先生《宋本书叙录》一书了解到，民国时期傅增湘先生曾经眼一部宋本《周易集义》：“《周易集义》六十四卷，宋魏了翁撰。缺卷一至四、八、廿九、卅、卅二至卅四，计十卷。又影写补入卷十一至十七，共七卷。宋刊存得四十七卷。宋刊本半叶十行，行二十字。版心下方记刊工姓名，其人多与《周易要义》刊本同，盖同时刊于紫阳书院者。卷中恒、贞、慎、敦均缺末笔。按此书《四库》未著录，《经义考》亦不载，盖其轶久矣。惟《传是楼书目》有宋本元印《大易集义》三十二本，当即是书。此本藏西什库天主堂中，近以检书，为叶君德禄所见，持以相示，惊其罕秘。审其装潢，亦为清内府旧储，未知何时流出，且为教门所得，殊可诧矣。叶君撰有跋记，考据颇详。”（傅增湘《藏园群书经眼录》）傅先生所言当即“市委本”，唯其中所记卷次略有出入，但亦属正常。此书当时由辅仁大学教授叶德禄首先发现，叶氏为此书撰有跋记，收录在1943年辅仁大学图书馆出版的《民元以来天主教史论丛》一书中，叙此书细节颇为详尽，亦与实际情况相吻合。

发现了一部珍贵的宋版书，工作人员都十分欣喜和兴奋。然而为了慎重起见，我们于2011年专程邀请国家图书馆李致忠先生、程有庆先生等多位古籍版本专家，来馆对“市委本”再次鉴定。鉴定结果令人欣慰，几位专家现场一致认定，“市委本”为宋本无疑。李致忠先生还推测，《中国古籍善本书目》当时误定此书为明本，可能跟本书写刻风格稍异于常见的宋本有一定关系。

至此，市委图书馆《周易集义》的版本最终有了定论：宋淳祐十二年魏克愚紫阳书院刻本。现今传世的宋本《周易集义》仅有两部，一部为国图所藏，一部即此。国图本已影印入第一批《中华再造善本》，然其书有不少元至元二十五年吴梦炎重修版片，而且卷六至十、二十四至二十六是清抄本补配的。相较而言，市委图书馆此部尽管也有残缺卷，然而刷印更早、品相更佳，版本价值也更珍贵。

2013年，应“中华古籍保护计划成果展”的邀请，我们将《周易集义》送展。此时此刻，楮墨精洁的古书正以隽永的姿态接受广大观者的欣赏与品味。七百余年的沧桑，仿佛在它身上并未留下什么痕迹，幽雅的书香似乎正在倾诉自己从尘封书柜到再现世间的曲折经历。与此同时，在“中华古籍保护计划”开展的过程中，一定还有无数个类似的故事等待着我们的聆听……

作者简介：王玥琳，女，35岁。首都图书馆历史文献中心副研究馆员。

人生有情泪沾臆

——我的诗书生活

罗　瑛

《尸子》云:“诵《诗》读《书》,与古人居。读《书》诵《诗》,与古人谋。”这,也许就是我今生的读书生活。

小学时,课外读物非常缺乏。除了偶尔能从同学那里借几本连环画外,没其他书可读,我只得将爸爸给我买的唯一工具书,即商务印书馆出版的《汉语成语小词典》(有6000多条成语)背了。初中时,我进了一所镇中学,买了《古诗一日一首》《诗经选》等书来读。高中时,我把语文课本上的古典诗词和古文都背了,又借来《老子》《荀子》《庄子》等书来看。当时,我因看了一种《楚辞》选本,深为三闾大夫砥砺不懈、冰壶秋月的节操和主动承担历史责任的勇气心醉神迷,很想看其全本,可学校没有。我就去县图书馆办了一个借书证，希望能借到，可也没有如愿。于是，我骑自行车去一百多里之遥的邵阳师专借，由于不是该校学生，也未借到。不久，我没请假，就偷偷坐火车去长沙购买，跑遍了长沙一些大小书店，还是没买到。“落日镕金，暮云合璧，人在何处？”李易安以此缠绵动人的词句思念亲人，我亦用来描绘自己对《楚辞》之魂牵梦系，不为过也。

自高中起，我就喜欢看古书，尤其是先秦典籍。孟子曰：“一乡之善士斯友一乡之善士，一国之善士斯友一国之善士，天下之善士斯友天下之善士。以友天下之善士为未足，又尚论古之人，颂其诗，读其书……”可见，钟情于诗书礼乐者，何其高尚也。在中华民族的历史进程中，“江山代有才人出”。这些“才人”，“与天地合其德，与日月合其明，与四时合其序，与鬼神合其吉凶”，虽已“零落成泥碾作尘”，而其香如故——这就是他们的名山事业。其说不尽的真善美，诚如《嘉泰谱灯录》所云“千江有水千江月，万里无云万里天”。我们可以“读《书》取正，读《易》取变，读《骚》取幽，读《庄》取达，读《汉》文取坚”，还可“与菊同野，与梅同疏，与莲同洁，与兰同芳，与海棠同韵”。千百年来，先人们就以“我见青山多妩媚”的真爱，夙夜基命宥密，留下了韦编三绝、负薪读书、带经而锄、凿壁偷光、三年不窥园、高凤流麦、阚泽佣书、囊萤映雪、江泌映月、牛角挂书、断齑画粥等佳话。这些先人，“口不绝吟于六艺之文，手不停披于百家之编”，“焚膏油以继晷，恒兀兀以穷年”，践履了中华民族千古自强不息的美德——我得挹芝眉，不禁“玉箸”洒落矣。

我素喜登山临水，壮游天地。在生活与工作快节奏的今天，哪有李太白那“脚着谢公屐，身登青云梯”的潇洒？我四顾茫然。《幽梦影》云：“善游山水者，无之而非山水：书史亦山水也，诗酒亦山水也，花月亦山水也。”又云：“文章是案头之山水，山水乃地上之文章。”本来，诗书就有情有意有味，加上这“案头山水”美妙如此，我何不多研究这“案头之山水”呢？也许这比“地上之文章”更有雅意！于是，红紫烂漫的春天，我手捧读之，“好鸟枝头亦朋友，落花水面皆文章”；映日荷花别样红的夏天诵之，“北窗高卧羲皇侣”，“瑶琴一曲来薰风”；长风万里送秋雁时吟之，“读书之乐乐陶陶，起弄明月霜天高”；“风紧云容惨，地寒雪势严”时品之，“读书之乐何处寻，数点梅花天地心”。四季汗竹香，我双泪婆娑矣。

诗书濯灵腑，史籍长精神，文章抒见识。因此，先人们极宝惜之。颜之推云：“每读圣人之书，未尝不肃对之。其故纸有《五经》词义及贤达姓名，不敢秽用也。”司马光晨夕披阅其独乐园藏书数十年，“皆新若手未触者”。朱熹也告诫我们，“须整顿几案，令洁净端正，将书册齐整顿放，正身体，对书册，详缓看字，仔细分明读之”等。可是，在我国书籍史上除了令人痛心疾首的“五厄”外，近现代太平天国和“红卫兵”又将“线装书扔进茅厕三十年”！洪秀全曾下令，“一切孔孟、诸子百家、妖书邪说者，尽行焚除”，“一切妖书，如有敢念诵教习者，一概皆斩”。据徐雁先生《中国旧书业百年》一书，太平军将南京朱氏、陶氏、方氏、孙氏、张氏、甘氏等及海宁蒋氏、嘉兴许氏等大藏书家之藏书（均十万卷以上），以及文宗阁和文汇阁《四库全书》等付之一炬，又在广州焚书百万册，等等。江南文献，扫地以尽。据不完全统计，在“文革”中，1968 年苏州销毁古籍 300 吨，1969 年江西焚毁古籍 100 万册以上，1976 年河南损失古籍 100 万余册，贵州损失古籍 200 多万册……斯文何辜，罹此荼毒？读书人能不“登西台恸哭”！

而今，风不鸣条，雨不破块，人民安居乐业。在这尧天舜日之时，传统文化日益被重视，“儒为席上珍”，“中华古籍保护计划”如愿启动。多少濒临消失的“劫后遗珍”重回“金匮石室”……此欣欣向荣景象，令我豪情万丈，真想一饮千钟！——我又“不知泪下一何翩翩”矣。

芸辉竹素，蠹走芸编。数十年过去，弹指一挥间。我庆幸自己仰沾时雨之化，沐浴在先人的教诲之中，因而屡为钟爱的典籍流下感动或伤心的眼泪。作为一个拳拳服膺于中国传统文化的学子，凭着对中华典籍的深深眷恋和无上景仰，我敢以农人献曝之忱，“人将休，吾不敢休；人将卧，吾不敢卧”，做一个三坟五典的传承者——桃李春风一杯酒，倦了也风流。

作者简介：罗瑛，男，43岁。国家图书馆副研究馆员。

时光中的古籍书店

谢方儿

一座城市，没有一家古籍书店是让人遗憾的；一座历史文化名城，没有一家古籍书店是尤其令人遗憾的事。绍兴是国务院1982年公布的首批24座历史文化名城之一，是鲁迅先生的故乡，但现在的绍兴城里已找不到一家古籍书店了。

以前，绍兴是有古籍书店的。据《绍兴市志》记载：绍兴古旧书店的前身系绍兴古籍书店。1957年3月，由8名旧书商贩联合组建，在城区开设轩亭口、清道桥两个门市部，主营古旧书，兼营字画、碑帖、文房用具（旧砚、墨、石章等）。1972年12月，划归绍兴文物商店，称绍兴古旧书店。

对于这家古旧书店，我有较深的印象，20世纪90年代初，我是这家书店的常客。那个时候，我隔三岔五地往古旧书店跑，每个月总要去三四趟。我不是到那里买古籍的，在这家号称“古旧书店”的书店里，不要说线装的古籍书几乎看不到，甚至于连民国时的书籍也很少。古旧书店的书架上，都是新版的古典文学和史学类书籍。古旧书店里的人看着都面熟，但一直不知道他们姓甚名谁，买卖双方的语言交流很少，这或许是因为古旧书店属于集体所有制的缘故，记忆中国营、集体性质的书店里的营业员，态度都是冷漠的。

其实，绍兴真正有古籍买的古籍书店是墨润堂书店，这是一家民营书店。绍兴的墨润堂，开设于清同治元年（1862），也算是绍兴的“老字号”了。创办人是徐维则，他是绍兴坡塘乡栖凫村人。我走进墨润堂书店，大约是在 20 世纪 80 年代末。那个时候，鲁迅路还是一条小街，两边都是粉墙黛瓦的老屋，高大粗壮的法国梧桐，把整条街都遮了起来。墨润堂书店隐没在树影下，像一个宁静安逸的老人。墨润堂书店的准确位置，大约在现在“咸亨酒店”的对面。我在墨润堂书店买的第一部古籍，是王闿运所撰的《湘军志十六篇》。该书的牌记上有“光绪二十四年太岁在戊戌孟冬之月述庐据原刻本校印于致知书局”。牌记是古籍中用以记录版本情况的一种专门标志，其形式多样，字体常用真、草、隶、篆四种，位置灵活，不拘一格，其作用主要是给版本鉴定者确定版刻时间、地点、编辑者等提供直接可靠的证据。

到了 90 年代初，鲁迅路要拓宽了，墨润堂书店搬到了府河街，这是一条临河的小街，给人一种小桥流水的意境。我在墨润堂书店大约买过 30 多部晚清的古籍，有光绪己卯版（1879）的《历代史论》、道光己丑版（1829）的《唐陆宣公奏议读本》、光绪辛巳版（1881）的《春晖草堂诗存》等木刻精印本，还有一些石印本、写刻本等。清代前期的古籍，甚至于明末的古籍，在墨润堂书店也有出售，但价格在当时来说也是很贵的，往往是四五册一套的古籍开价都在千元以上。那个时候，我的月工资还在 300 元左右。

当然，买一些晚清或者民国初年的古籍也是挺好的，至少自己喜欢就值了。有一次，我买了一部宣统辛亥（1911）仲夏上海集成图书公司出版的线装《渔洋山人蚕尾集》，拿回家后翻看时，发现书的内页中夹着一张纸，取出来一看，原来是一张当票，由于当票上的字迹太潦草，估计当物是件棉袄。看了这张夹在书中的当票，突然地有了许多的感慨。我想像一个穷困潦倒的书生，某次在书店看到了很想读的《渔洋山人蚕尾集》，可是他没钱，就把自己的棉袄当掉买了书。后来冬天来了，这个书生没有钱赎回他的棉袄，这张当票就留在了书中。我几次三番摸看着这张当票，心情难以平静，后来写了两篇关于这部书和当票的短文，分别刊在《新民晚报》和《绍兴日报》上。这张当票至今我一直收藏着，似乎收藏着一份书生的清贫。

后来，古籍的价格大涨了，绍兴古旧书店和墨润堂书店也停业了。我开始在孔夫子旧书网上寻找古籍，有几年到了入迷的地步，几乎每天晚上都要看自己喜欢的古籍拍卖，看到直线上升的价格，叹息手里的钱少。有时候，鼓足勇气拍一下，以为自己会被高价“套牢”，但往往最后时刻，总是会有人跳出来为自己喜欢的古籍拼搏，这些人肯定比我有钱也比我更喜欢古籍。

没实力和别人“抢”古籍，就在旧书网上“淘”民国版的线装《四部丛刊》和《四部备要》。只是这类古籍喜欢的人也很多，我从三四十块一册开始买，后来涨到100块一册，感觉经济压力越来越大。最后，只能放弃再买了。现在，我收藏着40多部《四部丛刊》或《四部备要》中的文献，有《吴越春秋》《越绝书》《蔡中郎集》《唐黄御史文集》和《石湖居士诗集》等等。

这些古籍虽然不是珍贵的孤本善本，但对我来说，它们同样是珍贵的。许多时候，我会安静地翻看那些古籍，仿佛能感觉到岁月中的那一丝鲜活。

作者简介：谢方儿，男，54岁。绍兴市作家协会，公务员。

无形的台阶

苏　湘

那年初春，我萌发奇想，从书店买回一本附有朗诵磁带的《儿童古诗选读》。入夜，我把磁带小心地放进录音机的仓盒，按下放音键，然后靠近灯光，饶有兴致地翻开那本小书。静谧的夜色下，喇叭里清脆的童声，和着轻缓的伴奏，宛若丝丝春风在小屋里萦绕。

刚怀孕的妻子，笑嗔我装萌。

其实，她应该猜到，我想用书为孩子的成长构筑无形的台阶。至于这样的胎教能否天从人愿，我不以为意。

入冬之际的一个凌晨，一声清亮的啼哭划破夜空，这就是女儿的第一声诗歌朗诵。从这天开始，每到三更，这样的朗诵便不绝于耳。

这天，小丫照例醒过来，我不情愿地哄她入睡。此刻，她的眼睛瞪得大大的，哭闹中还挥动起两个小拳头。无奈之下，我抱着她打开了桌上的录音机。当喇叭里传出童声吟诵时，她先是左顾右盼，然后用一双滴溜溜的眼睛盯着录音机看，不再哭闹。

渐渐地，我们适应了这样的游戏。偶尔我会吟诵着那些唐诗，对牛弹琴般地讲解诗的意境。这时她会转过脸来，嘴唇有节奏地一抿一撅。待我的倦意消散，她却呵欠连天，酣然入梦。

一转眼小丫就能撒腿小跑了。这年中秋，到奶奶家里赏月，席间，叔叔指着她的搪瓷碗，装腔作势："谁知盘中餐，粒粒皆辛苦。"

放下匙羹，小丫出言不逊："这是碗啦，蠢家伙！"

叔叔忍俊不禁："你那么聪明，再念一首盘子的诗听哈？"

她瞪着两眼望我。恰好是月圆之夜，一首唐诗呼之欲出。不待我说，小丫遥指当空，先声夺人："小时不识月，呼做白玉盘。"

小丫忘形，涎水都快垂到地上了，叔叔被逗得直拍巴掌。

每每翻着一大堆由古典名著改编的精致画册，垂髫小女，怡然自乐。秋高气爽的季节，我送女儿早早地下了无涯的学海。

一年级的一次春游，偶遇一场大雨。老师以雨为题布置作文。小丫瞪圆大眼，搜肠刮肚，好不容易找来"真扫兴"三个字描绘春雨，却遭到我一顿数落，责令她抄写杜甫的《春夜喜雨》："好雨知时节，当春乃发生。随风潜入夜，润物细无声。"临了，她小鸟依人："爸爸，这首诗你讲解好多遍哒。"

"那你怎么还写不出诗人那种万物催生的意境来呢？"不经之谈让小丫碰了一鼻子灰。她把下嘴唇撅起，黑眼珠使劲地往上一翻，两行眼泪挤了出来。

看到她委屈的模样，我牵起她的手说："微雨夜来过，不知春草生。雨过以后，遍地草绿，遍地花开。你不觉得雨淋到小丫身上，小丫也长高了吗？"。

她用衣袖擦去眼泪，破涕为笑，终于撰写出诗一般的短文："春天的早晨，小雨沙沙地下着，落在树枝上，树枝发芽了；落在草地上，草地变绿了；落在我的身上，我好像也长大了。这个春天的一切很美好。"

女儿的聪颖在我心里点亮了希望的明灯。不料，良好的品学并没能叩开重点中学的大门。小丫生性心无旁骛，兀自阅览一本《西游记》。在她小小的心灵中，校门的光环远不及大闹天宫来得精彩。

盛夏过后，小丫跨进一所普通中学。一张一弛，文武之道。每天做完作业，小丫都会打开乱世史诗《三国演义》，此时，常常可以听到她开怀的笑声。只有一次，我听到了一声长叹，叹的是"关云长败走麦城"。当时，我不忍她的伤感，走近去安慰她："关公之败，似败于人，实败于己。"

女儿不解，我拿来《孙子兵法》读了一段："故举秋毫不为多力，见日月不为明目，闻雷霆不为聪耳。古之所谓善战者，胜于易胜者也。”我把书递给她：“关公熟读兵书，不会不知‘胜于易胜’的道理，只是他刚而自矜，好逞匹夫之勇，则不能明志。失败乃理数之常。”

若有所思的女儿摘抄了八个字“淡泊明志，宁静致远”。

初中，女儿的豆蔻华年。中考时，女儿交出了漂亮的答卷。那所重点中学，以减免学费的奖励向她敞开了校门。数年过后，女儿踌躇满志地踏进了更大的考场。

高考的氛围让人透不过气。第二天上午考过后，女儿向她妈提了一个奇怪的问题：“水流喷出管道后形成的曲线是抛物线吗？”

一道求流速的题并不难，可是那条弯弯的抛物线就像垂钓的诱饵，误导小丫歧路亡羊。

考试结束了，暮色已经降临，我怅然若失地迎着风的方向走去，去找寻未归的女儿。终于，一个熟悉的身影走出夜色，迎面扑来一股清新的气息，如同早起打开房门，料峭的晨风带来的那股沁心的微凉和葱茏的佳色。

淡泊和宁静，无法回避填报志愿的难题，小女仗母亲撑腰之势，恃考试上线之才，拒绝复读。不甘一梦华胥，我扔下一句诗庭之训：“喷出管道的水流，质量未变，动能未变，流速自然不变，只有蠢材才会去钻抛物线的牛犄角。”

小丫又翻起黑眼珠来，不过她不再是那个小小不然的小学生了。

“孰为汝多知乎？”她惯于以古励今：“殊不知失之东隅收之桑榆。昔赤壁之战，东吴以弱胜强，未料刘备觊觎荆州得逞。后厉兵秣马，于荆襄之争重创蜀军，重拾失地。祸兮福所倚，福兮祸所伏，此乃凡间常事。想老黄忠年逾七旬，尚可计夺天荡山，然我彪彪学子，初出茅庐，安敢轻言无望乎？此番赶考，已然上线，断可不必弃而后顾。”

小女言之，于我心有戚戚焉。

又是秋高气爽的时节，小丫买了一部《三国志》，跟着母亲登上去南京求学的列车。

作者简介：刘和平，笔名“苏湘”，男，59岁。湖南高城消防实业有限公司机电工程师。

古书遐想

王　俊

窗外，雨落槐花；窗内，一灯如豆。浸着清香的晚风流过窗纱，温婉地扑向我的脸颊，闭眼垂额，咀嚼这沁人心脾的时刻。夜，深了，静了。

城市的喧嚣褪去，万紫千红的霓虹也黯淡了很多，只有初上的烛灯随风摇曳。哦，还有它！调皮的风儿摆弄案上的古书，总是翻了去又回来。大概这就是清人沈德潜所见的“清风无意乱翻书”的雅致图景吧！眼前，一片静谧的氛围，该是怎样的让人欣喜却又夹杂淡淡的惆怅呢？我与古书的神交由此展开。

从原始的甲骨卜辞到祭祀的青铜铭刻，从厚重的简牍绢帛到浩瀚纷繁的纸本册页，她们承载着中华民族源远流长的千年文化，孕育着无穷无尽的思想灵根。爱上古籍，爱的是她的久远、她的厚重、她的精美与深邃。每每进入古籍馆阁，总能嗅到一股朴重的味道，书架上千百册陈旧的古籍一齐抛洒着热忱，仿佛在迎接一位阔别多年的老友，盼望着，盼望着，总有那道不尽的前世今生，诉不完的柔肠衷情。

终于要和她们触碰交肩了，取下一册古书，深蓝的封皮上会积印着多少文人墨客的手迹呢？四眼的绳线紧扎得那么稳实，几百年了，看上去庄重大方，古朴典雅。翻开书页便是汲汲已久的丘索坟典，竖排的字体，字大若钱，如漆的墨色，依然光鲜，数位藏家的印章依附在微微泛黄的皮纸上，这简直就是一页页精美的书法作品。我不由得喟叹，虽是人工斧凿，却似天然雕饰！难怪汲古阁主为购得一本善书会颇费周折，不惜重金。四周的边栏、版心的鱼尾，附上一位名人的序跋，这样一本古书是让任何一个爱书之人都不能释怀的。

或许我该是某个王朝的一位刊书之人，定要看着她们在经过书写、雕版、着墨、选纸、敷印、剪裁、装帧之后，变成知识的仓廪，成为文化的记忆。冥想着千百年之后会有那么一个人与她相识，在燃灯下揽她入怀，同样冥想着她的过去，在脑海中铺绘一幅幅她出现、成长、沉睡的岁月图。呵！该是怎样幻妙的历史交融啊！在前世今生的遐想中涌动着惓惓恋情。庄周梦蝶，到底蝶是庄周，还是庄周是蝶；此时此刻，到底我是古人，还是古人是我。

不知不觉，灯花已落，剪灯挑烛，凝视着跳动的焰火，继续那亦幻亦真的古籍遐想。

或许我该是周室的一位采诗官，漫步河畔，岸花烂漫，水草摇曳。偶然间见证了一位英俊少年的“求女”仪式，淳朴的民间风乐打动了女子的芳心，也撞击了我手中的刀笔，就这样记录下“关关雎鸠，在河之洲，窈窕淑女，君子好逑”，一唱就是千年。

或许我该是司马子长的一个侍仆，亲睹了他遭受“宫刑”的始末，跟随他搜籍整典，访南走北，多少个日夜看到他矻矻疾书，多少次向我讲述远古遗事和秦汉实录。终于，在坚韧与坚持中一部赅叙千年，品评三皇五帝、王侯将相，“究天人之际，通古今之变，成一家之言”的《史记》完完整整地镌刻在片片竹简上面，流芳百世。

或许我该是一名战国谋士，居庙堂之上舌战群儒，谋兵布局；退江湖之远，著述论书。纵横的时代，诸子争鸣，人是自由的，思想是自由的，还有什么是不自由的呢？

或许我该是一位迁客骚人，逌然于天地间。把酒临风“大江东去浪淘尽，千古风流人物”，登高赋诗“会当凌绝顶，一览众山小”，醉中与民同乐，醒来述己文章。乐观旷达，心系黎民国家。

事随世异，人随事迁，我该以怎样的角色来为世人讲述这册册古籍中所掩蕴的那离离蔚蔚多如星辰的动人故事呢？我，真的该是一位时间的使者，穿梭在历史与现实之间，串联起每一个故事，填补世人追寻民族真相的空白，满足人们对祖先事迹品格好奇的愿望。而这一切都是该从这珍贵的古籍中呷吮汲取的，但是，历史只有结果，没有如果，它有意开了玩笑，撇下文化的谜语，却又不完整地告诉你，留给后人无尽的争论揣度。

灯火已倏忽，一缕凉风飘进，雨何时停了？起座熄烛，凝望着东方的鱼肚白。悠悠华夏五千载，蔚蔚文化百世观。祖先最精髓的智慧、民族最宝贵的灵根再没有哪一种载体如厚重的古籍这般承载得动了，再没有哪一种载体如蕴藉的古籍这般承载得妙了。

作者简介：王俊，男，24岁。唐山市曹妃甸港口物流园区管委会，公务员。

心魂端赖故纸传

邵　滨

与古籍，实在是没有太多的因缘。

一不做古籍整理，二不做中国古代文化与文学研究。对一名普通的文化热爱者而言，它仿佛只是一把钥匙、一架阶梯、一条道路而已。似乎只要熟悉了解了它的全部秘密，就可以自由地在中华文化的天地中徜徉，聆听先贤们的教诲与争辩，感受他们的心跳与温度，把握中华文化的生机与脉动。

15 年前，负笈姑苏时我就是这样想的。

对于一个农村的孩子而言，普通的书籍已经是十分珍贵，更何况是古籍。没想到开学第一周，就遇到了一个难题。讲授古代文学入门的陈桂声先生在讲完《诗经》后，布置了一份作业，他要求我们选择阅读一位清代学者的笺注，尝试着从该书序言和一首诗歌的笺注入手，分析该人的笺注特色。

同学们都选择了著名学者陈奂、马瑞辰、王先谦的著作，而我想起了课上讲《芣苢》时，老师转述方玉润在《诗经原始》中的分析："读者试平心静气，涵泳此诗，恍听田家妇女，三三五五，于平原绣野、风和日丽中，群歌互答，余音袅袅，若远若近，忽断忽续，不知其情之何以移，而神之何以旷，则此诗不必细绎而自得其妙焉。"

这样的一段分析，深深地打动了我，也让我对《诗经原始》与方玉润产生了好奇，他究竟是一位什么样的人？他为什么会从这个角度来分析？书中对其他作品的分析又如何呢？一连串的疑问，一连串的惊奇，让我觉得，我应该去读、去写、去分析《诗经原始》。

然而一个刚入学的学生，除了借助于图书馆的网络检索外，对其他的查找方法一无所知。如果在今天，还可以借助于网络购买、下载。在我一筹莫展而苦恼之际，一位古代文学研究生指点我，可以去古籍部试一试。在她的帮助下，我幸运地从一套丛书中找到了该书。

十多年过去了，仍然记得囫囵吞枣翻阅完该书，走出图书馆的瞬间。十月初的古城，天空飘着银丝般的细雨，细细雨丝打湿了头发，点点喜悦漫上心头。该书给自己的震撼，方玉润对"诗美"的发现，让我对那些记录着古人心声心画的古籍，产生了感情，是好奇、是神往，还是一种对未知的神秘渴望，说不清。

陈先生在课上，为我们这些对古籍、对古典文学懵懂无知的学生们，打开了一个五彩斑斓的世界。然而如何在这浩瀚的世界中自在徜徉，如何真正学会查找、检索、阅读，如何认识古籍的世界，很长一段时间内使我迷茫与困惑。

母校是古代文学研究重镇，著名学者钱仲联、潘树广、严迪昌诸位老先生那时都还在世。课上，老师们时不时总会提起前辈们的趣闻轶事。那时节，我爱上涂小马先生的文献学与杨旭辉先生的古代文学课。

涂先生是潘先生、钱先生的弟子。苏州的春天潮湿，教室有点阴冷。涂先生在讲台前坐定后，手捧一杯清茶，淡淡地讲述自己阅读古籍的门径、检索查找文献的方法、研读古籍的心得以及前辈们对学术的理解、追求与敬畏。我们则沐浴在暖暖的阳光下，在梦中展翅翱翔。他讲过钱锺书先生对钱仲联先生的揄扬佳话，讲过钱先生主持《清诗纪事》时对众弟子的严苛要求，讲过钱老 90 高龄每天写万字长文的情况。先生的讲述润物无声地普及了古籍目录、版本、校勘方面的知识，无意中展示了前辈学人对学术追求的精神，以及古典文化领域中学术的魅力。“辨章学术，考镜源流”，文化与学术不仅保存传承于古籍故纸，也流传在师徒之间的口耳相传中。

在杨先生的课上，我则有另一番收获。

杨先生是严迪昌先生的高徒，受严先生影响甚大。在课上，他多次谈起严先生研究清代文学的缘由：“积断续30年间的悟解，并促动我甘愿耗大心力，决意为3000灵鬼传存他们驻于纸上的心魂，是因为我深深体验到曾经生存在爱新觉罗氏王朝270年间的这一代代文士，所承受的心灵压抑和创痛是史程空前的。”

课余再读严先生的《清词史》《清诗史》，读严先生早年的论文，对古代文学、对古籍渐渐有了不一样的体认。我们都被严先生的情怀与愿力所打动，成了严先生的铁杆粉丝。那时，严先生“衰年变法”，正计划撰写百篇的《清代文学史案》。每一篇出来都让人耳目一新，《谁翻旧事作新闻——杭州小山堂赵氏的“旷亭”情结与〈南宋杂事诗〉》《往事惊心叫断鸿——扬州马氏小玲珑山馆与雍、乾之际广陵文学集群》等都让我们异常感动。先生穷究文献，用如椽大笔传写着清代诗人、词人们惊悸苦痛的心魂，他尤其着力表彰那些不为人知、沉沦下潦的布衣寒士们。这以后也成为严门弟子的一个研究特色。先生曾言“学术即生命，吾辈舍此，岂有他哉”！到了生命的尽头，他还在坚持写着这组文章。他真正用生命阐释着这句话。

至此，我方认识到，古籍，不再只是钥匙、阶梯与道路，而是精神、生命与心魂，其中更有热血、情怀与温度。

这些年南北奔走，旅途闲暇时仍关注师长们的著述，年初杨先生《清代骈文史》出版，后记中云：十年持志寂寂，只为与恩师的一个承诺与坚守。我想到了清代纳兰性德与顾贞观的约定，“一日心期千劫在”，“留取心魂相守”。

清代诗人曾云“乾坤着意穷吾党，途路难言仗友生”。乾坤着意，吾党何在？在古籍那些故纸中，似乎正寄托着这样的情思。世事浮云，我越来越想念当年的师长们。

作者简介：邵滨，男，32岁。孔子学院总部/国家汉语国际推广领导小组办公室助理研究员。

畅游古籍之乐

靳　菁

有时候我会想，人的兴趣爱好真的完全是后天培养，还是带一点先天的因素？我虽然还是个小年轻，阅历尚浅，但回头看看，我总觉得我和中华古籍之间有一种奇妙的缘分。

小时候，无论在何种媒介上看到简牍、卷轴以及线装书这些中华古籍的标志性符号，我都会下意识多瞄几眼。我家并非书香门第，父母也非从文之人，没有什么家藏，语文课本上那些彩色精美的古书附图，经常让我如痴如醉。甚至，小学时曾自己动手制作过粗糙的线装纸本，还用牛皮纸割出封面，打上格框，思索再三，题上“吾之文集”四个大字，偶尔拿出来自赏一番，那种满足和珍惜至今都难以忘怀。不过这本册子我始终一个字都没写过。回忆这些幼年趣事，有时候我真觉得命运在冥冥之中有一些说不出的缘分。

读大学前，一本真正的古籍我都没见过。大学时，虽然读的是要和古籍打交道的历史学，但本科生级别不够，进不了古籍库。能够亲手摸一摸古籍，一直是我心底一个小小的愿望。不想幸福来得太快，这个愿望不久居然在旧书市场上实现了。那是一本清乾隆刻本的《庄子》，字体端庄，排版整洁，印章方正，品相甚佳，非常大气，当时我觉得世界上没有比这个更优美的艺术品了！老板单手递给我，要价 2500 元，我迟迟不敢接。老板以为是价钱吓坏了我这个穷学生，说，你看看，是真本。其实，价钱是惊着我了，但更重要的是一种“近乡情更怯”的敬畏感从脚底蹿至头顶，简直不敢相信我那个小小的愿望就要实现了！风尘仆仆赶到旧书市场的我，咬咬牙，在衣服上搓了一下微渗着汗水的手，虔诚地捧起了书本。在那么嘈杂的市场上，我和这本古书坠入了一个安宁的小世界。我小心翼翼，生怕惊扰了书里的灵气。当然，最后这书我没有买。

后来，我的心态变得越来越平和。由于选择的是跟古籍打交道的专业，所以触摸古籍的机会越来越多。虽然我每次都是先抹净桌子，清洗双手，然后带着人生若只如初见般真诚的情意去触摸这古老沉静的灵物，但虔诚如朝圣者一般的心态却渐渐变了，变成了与它平等的对视与沟通。我在古籍中钩古稽沉，探查往事，古籍所传递的文化精神也慢慢地感染着我。

虽然我对于能够触摸到的古籍最常做的是基于所学专业的分析，这需要理性和冷静，但我有时候还是免不了被古籍中所传递的某些东西感染，或是感慨一下古人命运，或是被先贤的棒喝惊醒，偶尔也被古人狡黠的小聪明逗乐。我们仿佛穿越时空神交的挚友，在书桌的一隅，我默默地挖掘、分析它所保存的历史记忆，不想“对话”时，我就合上书，干别的事情打发时间。我想“君子之交淡如水”应该就是这种状态吧。对于现在的年轻人来说，我这种爱好好像过于老气和过时，没有活力，但是我自己觉得乐在其中。

书写印刻在纸张上的典籍，极大地促进了知识的传播，人文的启蒙，推动塑造了读书人崇高的社会地位。古时纸张难得，有字的东西总是被精心保存，反复使用，敦煌文书中就能经常见到记账卷册后抄写的佛经。以纸张为载体，使古籍的生命变得十分脆弱，一场火灾就可以使之灰飞烟灭，遑论社会动乱、战争降临。再加之某些特殊时代，古书更被视为洪水猛兽，欲毁之而后快！

然而此一时彼一时，在如今的“文化热”“国学热”之中，古籍，自然又受到了崇高的礼遇，古籍的地位和价格不断升高。我想，几年前的那本乾隆刻本的《庄子》大概早已不是2500元的价格了。可是，话又说回来，真心想去读懂古籍的人又有几何？纵观古籍传承的历史，作为一种文化载体，古籍的命运，是由不同时代的人基于现实的不同需要决定的。

我觉得，对于古籍，或者说读书这件事，还是带一点平常心去做才能体会到乐趣。一本书，不同的人会被触动心底不同的地方，让古籍“活”起来，它才有了价值。如果给古籍附加太多外在的东西，患得患失，都是对它本来价值的挥霍。

喜欢古籍这件事，给我带来读书以外的极大乐趣。我与父母分享我在古籍古事中的一些有趣发现，他们对古人家谱中波澜不惊的日常生活尤其感兴趣，从中感喟人情冷暖。我与老师们探讨古籍中严肃的学问，和意气相投的朋友们分享新的发现，和做文化产品的伙伴着手将古籍中的特色元素融入现代产品中，而且获得了非常不错的反响。这些事情都让我的生活充满着乐趣，在这么老气的爱好中完全可以活得有滋有味。

享受着不尽的乐趣，我突然觉得我和这些古籍的距离是如此之近！他们不再被束之高阁，不再与日新月异的世界脱节，而是在不断地和新时代的人往复对话，焕发了新的生机。古籍文本浸润了读者的灵魂，而同时文本也因读者的阅读而有意义。我是个普通人，不敢说自己能担当传承传统的责任，但我想，古籍传承保护的责任是整个民族的，而这个责任分解下来，也就成了我们每个人的。文化的传承是在传统与当下的人产生共鸣的过程中实现的。不管别人有何种感受，我所感受到的，就是带着平常心去享受古籍，享受传统带来的真正乐趣。

作者简介：靳菁，女，26岁。上海师范大学人文与传播学院硕士研究生。

其人少年，学有根底

何亦凡

2014年5月9日晚，中国人民大学国学馆讲堂内，陈壁生教授开始了关于现代学术与经学的演讲。在之后的讨论中，有听众提及十几年前社会上少年记诵国学原典的热潮，嘉宾则提出了质疑：其一，诵读默记之余，有疑之处没有老师为之解答；其二，这些孩子常常炫耀其博闻强记的能力，并非有益于厚重品性的培养。虽然这些问题与此演讲的主题并无太大关系，但听到这里，我确实受到一点触动。因为十几年前，我也是经历过这一热潮的孩子。如今，作为人大国学院的学生，我想，总不该缄口不言、袖手旁观。所以草拟小文，并有幸借助国家图书馆此次征文平台，略陈管见。新学小生，才浅学疏，还望方家批评指正。

国学原典的记诵与是否拥有专业老师的指导并无关系。如果因为没有专门老师能为小孩子解答阅读古籍中的疑问，而就不能读，那么这一代没有老师，便不读，这一代便没有积累，那下一代便更没有老师了。不能因为开始的艰难就永远地搁置。

国学原典的记诵与矜奇炫博也没有关系。之所以记诵原典会为人称奇，是因为如今此事鲜有。如果人人成诵，则不为奇。况且小孩年幼，心智不熟，如果长辈及时修正，自然解决。

这些问题其实都不足以否定少年记诵国学原典的裨益。而这些质疑确实使中国传统文化在现代社会面前处于尴尬的境地。那就是，“我们何以自称为中国人”。我们与西方几乎拥有同样的现代科技，几乎拥有同样的生活方式，同时或被动或主动地实践着西方的思维方式，那么，中国何以称为中国？不是满街高挂红灯笼就是中国了，不是吃了饺子就是中国了。在中国传统文化中的中国才是有其特性的、有其厚重文明的中国。

如果现代中国要带着历史的优秀特质继续前进，那么就要从正视中国传统文化开始。古籍，是承载中国传统文化的重要载体，正视中国传统文化当然就要从中国古籍开始。而现代国民要对中国古籍有切真的了解并怀有温情，则要从少年开始。

古籍，不应当只是少数专门学者的史料和研究对象，或者只是博物馆的文物。不应当只存于收藏家的巾箱之内，不应当藏之名山束之高阁。而要精校勘、广流布，使其承载的精神在人的生命中得到体验，这才是活的古籍。古籍不死，古籍所传达的文明精神方不死。如此，古籍所承载的优秀文明才得以成为中华民族种姓的标签，中国人便与别国人不同，中国才是拥有特质的中国。

而没有一定量的读者的古籍或可说是名存实亡。所以，读者除了专业的研究者之外，更多的应当是我们的国民，而这些普通的、从事各行各业的国民，之所以成为中国古籍数量最大的读者，是因为这些国民当初就是一批学有根底的少年。

我 10 岁的时候，不知一部《论语》为何物，只知道是圣人言，是好书。母亲要我背，我便背了。后来背了几部原典，渐渐知道，背书不难，直到今天，仍难忘记。或许就在那时候，开始对古籍有了些许浅近的认识。不论在此之后，我的专业是什么，我都深知少年时所背的几部书对我的意义。一个少年就这样缓缓地触碰到来自古籍的深情厚谊。

我并不敢说这样的经历一定是优越的，但于我而言，我是感激的，因为我对中国传统文化、对古籍的敬意是切真的，是影响至今的。所以，我期待这样的一个开始，开始在国家层面更多地鼓励、指导少年学生对中国优秀传统古籍系统地学习。这个开始或许艰难，因为要回应“五四”以来关于中国传统文化的一系列问题。但是，如果在国家力量的推动下，在相关学科学者的努力之下，在社会与学校教育的实践中，这个开始必将是现代中国正视传统文化的转捩点，也是现代国民因文化而自信的良好开端。因为，不论这一批少年未来学习何种专业、从事何种职业，都将有传承古籍所承载之精神的能力与资格。而后世可以有信心地这样描述这一代人：“其人少年，学有根底。”若国家世代的少年中，一大部分有此种根底、有对于古籍之温情、有对于中国文化之敬畏，那么，人才必盛，世运必明。

作者简介：何亦凡，女，23岁。中国人民大学国学院学生。